VISIÓN GLOBAL

Visión Global

Lucas F. Martín Serrano

Autor:Lucas F. Martín Serrano
Diseño de cubierta:
ISBN:

PRÓLOGO

Hace ahora cinco años, mientras disfrutaba de una de las etapas laborales más interesante y satisfactoria de mi vida profesional, mientras vivía en Alemania decidí dar rienda suelta a una inquietud que llevaba tiempo buscando la manera de materializar.

Siempre he sentido un interés, desmedido diría yo, por la historia y por conocer los entresijos del mundo que nos rodea. Y ello ha ido derivando en la necesidad de poner en contexto la realidad actual, tratando de ver más allá, aportando y compartiendo mis propios análisis.

La afición a la historia se reveló como una gran ayuda, pues en no pocas ocasiones, la respuesta a las dudas sobre los orígenes de conflictos y fenómenos actuales se encuentra en hechos, situaciones o escritos de varios siglos atrás. Por ello las alusiones a hechos históricos pasados se ha convertido en una herramienta recurrente y creo que muy útil en todos mis trabajos.

Poco a poco comencé a poner por escrito algunas ideas y observaciones sobre asuntos que por entonces eran actualidad. Mi necesidad de aprender y avanzar se hizo más acuciante y ello me llevó a iniciar un proceso de documentación, más profundo cada vez sobre cada uno de los temas sobre los que decidía escribir.

Conseguir ver publicados mis primeros trabajos no fue una tarea fácil, pero afortunadamente hubo quien confió en mí y me cedió el necesario espacio para poder dar a conocer mis análisis. No obstante aun así hay escritos que nunca han visto la luz, y aun hoy trabajo en documentos cuyo destino no es otro que una memoria USB y un apartado en mi archivo personal. Al menos de momento.

A lo largo de estos cinco años a medida que me iba interesando por temas de lo más diverso he procurado continuar formándome. Soy consciente de que aun me queda un largo camino para alcanzar lo que considero un nivel de "excelencia" aceptable, pero soy un firme convencido de que para poder adentrarse en el mundo del análisis geopolítico y en las oscuras aguas de temas como el terrorismo es más que necesaria una sólida formación. Y sólo hay una forma de obtenerla: manteniendo viva la inquietud y leyendo.

La elección de muchos de los temas tratados y que se recogen en esta recopilación estuvo determinada por la actualidad del momento en que fueron escritos. Otros, sin embargo, pertenecen a temas que han suscitado mi interés personal. En estos últimos podemos englobar todos aquellos que nunca han sido publicados. El proceso para la creación de estos trabajos no responde a una petición o sugerencia de un medio por ser de interés en ese momento, sino que por un motivo u otro decidí trabajar en ellos y una vez finalizados busque la posibilidad de darlos a conocer. Son estos probablemente a los que más tiempo he dedicado y en los que la fase de investigación y documentación ha sido mayor,

pues no había elemento externo alguno que influyera en el factor tiempo.
El lector observará que durante estos años he tocado temas muy diversos. La primera razón para ello es la dificultad para "especializarme" en un área concreta. No porque no sea posible o incluso recomendable, sino porque personalmente me es muy difícil renunciar a algún tema. La segunda es que una vez que se interna uno en esta rama del conocimiento, descubre que de un modo u otro todo está relacionado. Vivimos en un mundo totalmente globalizado, y esto no es un tópico, es una realidad. Y cualquier cosa que suceda en un rincón del planeta, de un modo u otro, aunque sea tangencial, tiene efectos o su origen en el lugar más insospechado. Del mismo modo ocurre cuando tratamos sobre el fenómeno terrorista, el crimen organizado, los movimientos subversivos, las relaciones entre países, las interacciones económicas... absolutamente todo tiene puntos en común. Y especialmente, cuando hablamos de Geopolítica, llegar a esos nexos es algo fundamental. Pero siempre sin caer en el histrionismo o el esperpento. Si algo he aprendido hasta el momento es que la respuesta más simple a cualquier pregunta o incógnita que se presente suele ser la acertada, y que por lo tanto no se debe caer en extravagantes teorías conspirativas.
No obstante, para dar coherencia a esta obra he tratado de agruparlos en tres epígrafes principales para ayudar a quien se acerque a estas páginas a la hora de seleccionar aquellos temas de su interés.

De entre esos tres epígrafes este volumen se ocupa del primero, con artículos relacionados con la geopolítica. El siguiente, que verá la luz en breve, versará sobre los otros dos: el fenómeno terrorista en general y el yihadismo en particular.
Por último, he de indicar que este trabajo no es una mera recopilación de artículos previamente publicados. Cada uno ha sido revisado y se han añadido notas que sirvan de ayuda para comprender por qué fue escrito de ese modo en su momento y, en algunos casos para mostrar cual ha sido el desarrollo de los acontecimientos o asuntos expuestos. De ese modo se podrá obtener una visión de la evolución en el tiempo de los temas tratados en cada uno de los artículos.

INDICE

1. INTRODUCCIÓN

El comienzo del siglo XXI lo podríamos calificar de convulso. Comenzó con los atentados del 11-S, y este hecho, ha condicionado en gran medida la geopolítica mundial en los años sucesivos. La irrupción del fenómeno terrorista de corte yihadista, los esfuerzos de Rusia por ocupar de nuevo un lugar prominente en el escenario mundial, la primavera árabe, los conflictos de Afganistán, Siria, Libia, Irak, y el Donbass, la ocupación de Crimea... todos estos sucesos han ido conformando un escenario cada vez más tenso y complicado de entender.

Hasta la caída del muro de Berlín la situación era, dentro de lo que cabe más fácil de interpretar, pero con la desaparición del bloque del Este, lo que algunos analistas interpretaron como la llegada de un periodo de calma y sin enfrentamientos de calado se ha tornado en una sucesión choques, enfrentamientos y conflictos de intereses cuyos puntos en común, elementos compartidos y causas cruzadas son cada vez más enrevesados al tiempo que patentes.

Los temas tratados en este apartado son muy diversos, y por ello han sido agrupados por áreas de interés. Sin embargo, un dato interesante es que cuando se profundiza en ellos, no son pocos los elementos comunes que se hallan, observándose como las acciones de una nación, ente o grupo en un determinado conflicto o escenario acaba teniendo implicaciones o repercusiones en lugares que a priori no tienen relación alguna. Es en el entorno de la geopolítica en el que más claro se ve el concepto de la globalización.

2. Africa

Darfur. Un conflicto Olvidado

Marruecos y Argelia, la lucha por el liderazgo regional

Mali, paradoja y encrucijada de la Unión Europea

DARFUR. UN CONFLICTO OLVIDADO

Publicado en Atalayar: https://atalayar.com/blog/darfur-un-conflicto-olvidado

Antecedentes

Entre agosto de 2005 y marzo de 2006 participé en la misión AMIS II de la Unión Africana en Darfur como parte del personal de apoyo que desplegó la Unión Europea. La misión fue consecuencia del conflicto generado en esa parte de Sudán, el cual derivó en un genocidio. La participación española consistió en varios oficiales en el cuartel general de la misión ubicado en Etiopía y 5 oficiales que actuarían como observadores de la UE, entre los que me encontraba. Cada uno fue asignado a un "MILOB SITE" (Military Observers Site) en el cual compartimos tarea, vida y experiencias con militares de prácticamente todos los países de África. En mi caso era el único occidental en mi localización.

Dicha experiencia me marcó y me dejó un profundo interés por todo lo que sucede en la región. Desde entonces he seguido los acontecimientos que allí han ido sucediendo y el asunto del agua es uno de los principales. Por ello, cuando la noticia de la próxima puesta en servicio de la presa del renacimiento saltó a algunos medios vi la ocasión oportuna para tratar de dar a conocer un conflicto que como reza el título, podemos calificar de olvidado o cuando menos desconocido y lo que puede significar para la región el problema de la presa. La mayoría de la población de nuestro país no sólo desconoce lo que allí ha sucedido y las implicaciones que puede tener, sino que se desconoce que España participó en una misión militar en la región.

DARFUR, UN CONFLICTO OLVIDADO

En un mundo que se mueve a golpe de titular, donde lo único que existe es lo inmediato y en una época en la que incluso los asuntos más graves mantienen la atención sólo el tiempo que transcurre hasta que otro tema irrumpe como novedad, se corre el peligro de perder la perspectiva y no ser capaces de reconocer situaciones preocupantes que, aunque olvidadas, permanecen en el tiempo. Y como una mala enfermedad, van erosionando la salud hasta sus efectos que se vuelven irreversibles.

Son incontables los conflictos que en su día acapararon la atención, portadas, minutos de informativos, debates en organismos internacionales y que prácticamente de un día para otro desaparecieron del foco mediático. Y no porque tuvieran una finalización, ya fuera satisfactoria o no, sino simplemente porque la actualidad los barrió del foco de atención. Pero siguen ahí, causando dolor, sufrimiento, víctimas y lo que es más preocupante, continúan evolucionando. Y cuanto más evolucionan más complicada es su resolución y más peligro suponen por ser foco de expansión de violencia, de inestabilidad en zonas clave por su interés geoestratégico y terreno abonado para la implantación de tanto de grupos terroristas como de crimen organizado, los cuales a menudo van de la mano.

Entre esos conflictos hay uno especialmente doloroso por su duración y consecuencias y peligroso por las implicaciones que tiene dada su localización geográfica. Nos referimos al conflicto de Darfur. Y es un problema tan fuera del interés actual que la noticia de la finalización de la misión conjunta de Naciones Unidas y la Unión Africana (UNAMID)[1] el próximo mes de octubre, así como el previsible anuncio de un acuerdo de paz durante el mes de julio ha pasado casi inadvertida.

---

[1] **UNAMID:** La operación híbrida de la Unión Africana y las Naciones Unidas en Darfur, a la que se hace referencia mediante el acrónimo UNAMID, se estableció el 31 de julio de 2007 con la aprobación de la resolución 1769_del Consejo de Seguridad. La UNAMID tiene como principal mandato proteger a los civiles, así como contribuir a la seguridad en relación con la asistencia humanitaria, vigilar y verificar la aplicación de los acuerdos, ayudar a conseguir un proceso político inclusivo, contribuir a promover los derechos humanos y el estado de derecho y vigilar la situación a lo largo de las fronteras con el Chad y la República Centroafricana e informar al respecto.
El 29 de junio de 2017, el Consejo de Seguridad aprobó la resolución 2363 (2017) que, además de renovar el mandato de la misión, disponía la retirada de tropas y de la fuerza policial de UNAMID durante el año siguiente en dos fases, a la vez que controlaba de cerca la situación sobre el terreno. EL 31 de diciembre 2020 finalizaron las actividades sobre el terreno.

Darfur es una zona situada al noroeste de Sudán que limita con la República Centroafricana, Chad, Sudán del Sur y Libia. Darfur se divide en tres estados federados dentro de Sudán: Gharb Darfur (Occidental), Janub Darfur (Meridional) y Shamal Darfur (Septentrional). Su capital es la ciudad de El Fasher. Está compuesto en su mayoría por llanuras semiáridas. La población alcanza aproximadamente los seis millones de personas.

En lo que se refiere a su historia, Darfur fue un sultanato del valle del Nilo, situado en el actual Sudán que perduró de forma independiente desde su fundación en 1603 hasta que fue anexionado por Egipto el 24 de octubre de 1874. En 1916 se incorporó al Sudán anglo-egipcio.

Excepto en el norte, donde predomina la población nómada de origen árabe, en la región de Darfur conviven etnias negras africanas con población árabe. La etnia africana más importante son los Fur, que dan nombre a la región, pero hay varias etnias más, entre las que destacan los Zaghawa y los Masalit. Estas tribus negras se dedican principalmente a la agricultura, y comparten el territorio con varios grupos étnicos minoritarios llegados a la zona posteriormente, conocidos como Baggara, dedicados principalmente al pastoreo nómada.

El conflicto de Darfur es fruto de una compleja combinación de factores entre los que se pueden destacar la disputa por el acceso a los escasos recursos naturales, la desigual distribución del poder económico y político, la ausencia total de buenas prácticas de gobernanza, la proliferación de armas y la ancestral rivalidad entre nómadas (ganaderos) y población sedentaria (agricultores).

Desde la década de los sesenta del pasado siglo se han ido sucediendo diversos enfrentamientos por algunos de los motivos relacionados, si bien es cierto que en la mayoría de ellos subyacía la pugna entre árabes y las tribus originarias de la región. De hecho, a mediados de los ochenta uno de los factores que más contribuyó a alimentar los choques violentos entre pastores nómadas (árabes), y agricultores (africanos), fue la ideología supremacista árabe importada desde Libia y secundada por el gobierno de Jartum.

Durante esa fase de los enfrentamientos Libia armó a los árabes de Darfur, y los no árabes, principalmente los miembros de la tribu Fur, establecieron contacto con el gobierno de Chad para obtener ayuda. El que por entonces era el Primer Ministro de Sudán, Sadeq al Mahdi, ignoró la situación debido a la dependencia que su país tenia de la financiación libia. Fue en ese periodo cuando se hace referencia por primera vez a los no árabes con el término "zurga", que significa negro. Para cuando los grupos no árabes originarios de la región, las tribus Fur, Zaghawa y Masalit, organizados en dos grupos: el SLA[2] (Ejército de

Liberación de Sudán) y el JEM [3] (Movimiento por la Igualdad y la Justicia), se declararon en rebelión abierta contra el gobierno de Sudán en 2003, iniciando la última y actual fase del conflicto, todo el complejo entramado social había sido reducido a un conflicto entre africanos contra árabes, convirtiéndose dicha dicotomía en el eje principal del mismo.

La imagen estereotípica creada es la de un grupo de africanos rebeldes alzándose en armas contra el gobierno de la nación debido a la marginalización que sufría la región y la consiguiente respuesta de este organizando y armando milicias árabes que en su avance provocaron un genocidio. Pero aun siendo en gran parte una visión correcta, la realidad es mucho más compleja de lo que aparenta ser.

La distinción entre africanos y árabes no deja de ser simplista, y esta clasificación atiende más a un sentimiento identitario que a un asunto exclusivamente étnico, y por ello las líneas que definen quien es árabe y quien es africano son muy difusas. De hecho, un cambio en la forma de vida o incluso un matrimonio con alguien de una etnia determinada puede suponer un cambio en la consideración de la persona.

---

[2] **SLA**: Grupo rebelde respaldado por Eritrea y que hasta 2003 era conocido como Frente de Liberación de Darfur. Liderado por Mini Arkoi Minawi, su objetivo no es la secesión de la región, sino crear un país (Sudán) unido y democrático.
3 **JEM**: Facción del movimiento/ejército para la liberación de Sudán (SLM/A). Grupo apoyado por Chad. El antiguo portavoz del parlamento sudanes y lider de la oposición, Hassan al-Turabi fue relacionado con este grupo. Turabi fue el ideólogo de la revolución islamista de Sudán. Este grupo llegó a ser el más importante de los que operaban en Darfur y se le asocia cierta ideología islamista.

Otra simplificación habitual es la que identifica a los árabes como nómadas y a los africanos como agricultores. A grandes rasgos es así, pero también aquí encontramos excepciones. El más claro ejemplo lo tenemos en la tribu Zaghawa, los cuales aun siendo africanos son eminentemente nómadas.

No obstante, estas dos diferenciaciones "simplistas" son muy útiles para entender las guías principales del conflicto y son las que referencian los propios habitantes de Darfur, a pesar de que no se pueden olvidar los matices que lo hacen más complejo.

Algunos expertos han hablado de un conflicto con diferentes vertientes superpuestas, y otros de la existencia de la convergencia de tres conflictos: los que se producen entre las diferentes comunidades, los que se dan entre las élites regionales y los existentes entre las regiones periféricas del país y el gobierno central. Estos conflictos de diferente origen, pero interrelacionados entre sí y la falta de visión para entender lo complejo de la situación constituyen uno de los factores principales que impiden alcanzar una resolución definitiva a la situación de crisis en la zona. Por si fuera poco, a ese entramado de enfrentamientos locales y casi ancestrales algunos, hoy día se añaden factores supranacionales y de gran importancia geoestratégica, lo cual hace que las raíces iniciales de la situación pasen a segundo o tercer plano, con lo que ello implica a la hora de lograr una solución.

Para combatir los levantamientos armados en la región, el gobierno de Jartum, a partir de la década de los ochenta recurrió los conocidos como “Janjaweed”. El origen de esta milicia es poco conocido y harto interesante. El lider libio Muhamar Gadafi tenía el sueño de lograr la arabización de los países fronterizos con el suyo. Chad era una pieza fundamental en su plan, y esa fue una de las razones que desencadenaron el conflicto en torno a la franja de Aouzu en 1987. Para actuar como fuerzas de choque Gadafi creó lo que denominó la “legión islámica”, en base a diversas tribus árabes y tuaregs procedentes del sahel. Pero estas fueron derrotadas por el ejército de Chad en 1988 y Gadafi se vio obligado a desistir de su plan. Esto llevó a la disolución de la “legión islámica”, pero sus componentes continuaron en la zona, bien armados, adiestrados, con experiencia en combate y con una ideología supremacista árabe muy arraigada. Esta fue así mismo la base para la creación de la coalición política denominada la Unión Arabe, creada en 1987 por varios lideres tribales de la región de Darfur descendientes de árabes. Su ideario era claramente racista, y así se recoge en sus documentos, que presentaban a los árabes, literalmente, como seres más civilizados que los africanos. Poco a poco, el panarabismo y su faceta más radical fue asumido por los sucesivos gobiernos de Sudán del mismo modo que ya sucedía en Libia.

Así pues, las milicias Janjaweed proceden de una combinación de las mencionadas milicias creadas por Gadafi para combatir en Chad a finales de los ochenta y de descendientes de árabes oriundos del propio Darfur.

El conflicto entre los Fur y los árabes resurgió de nuevo en la década de los noventa cuando el gobierno de nuevo favoreció los intereses de unos grupos étnicos (de origen árabe) en detrimento de otros. A finales de 1991 el Ejército Popular de Liberación de Sudán trató de provocar un levantamiento en toda la región. En esta ocasión una combinación de unidades regulares y milicias árabes derrotaron a los rebeldes matando a su líder Daud Yahya Bolad. Este levantamiento tuvo como principal consecuencia que en el seno del partido en el poder, el Frente Islámico Nacional, se asentara la idea de que los Fur eran su principal enemigo en la región, lo cual le llevo a incrementar el apoyo a las milicias Janjaweed que actuaban en la zona del macizo montañoso conocido como Jebel Marra, lugar emblemático para los Fur. Fue en esa época cuando se extendió la práctica de atacar pequeñas aldeas y arrasarlas incendiándolas por completo, lo cual provocó el éxodo de poblaciones enteras. Esta práctica junto con la intensificación de los choques se generalizó a partir de 2003. Y es por ello por lo que para los habitantes de Darfur el comienzo del conflicto que aun hoy perdura no se fija en 2003 como lo hacemos nosotros, sino que lo sitúan en 1991.

Pero tomando como referencia el año 2003 y para tener una visión sobre lo que ha sucedido y en cierta manera aún sucede en Darfur, son fundamentales los datos aportados en su día por Naciones Unidas que hablan de aproximadamente 450000 muertos, más de dos millones de desplazados y casi 250000 sudaneses refugiados en diferentes campos al otro lado de la frontera con Chad. Y es ahora, casi dos décadas después cuando se ha anunciado una investigación de los crímenes cometidos desde 2003 tomando como responsables a altos cargos del anterior régimen de Al Bashir, haciendo buena la cita de Séneca que dice que nada se parece tanto a la injusticia como la justicia tardía.

Con este estado de las cosas habrá aun quien se pregunte "¿Qué puede empeorar la situación?". La respuesta es bien sencilla: simplemente lo que ha sido la raíz del conflicto a nivel regional pero elevado a la categoría internacional, la lucha por los recursos. Y más concretamente por algo tan imprescindible en ese lado del planeta como lo es el agua.

En los últimos días varias noticias referentes a la "Presa del Renacimiento" etíope han saltado a los medios. Tras años de litigio y discusiones, los tres países afectados por la construcción de esta infraestructura parecen haber llegado a un acuerdo[4]. Y al mismo se ha llegado después de haber declarado Etiopia que estaba dispuesta a llegar a la guerra con tal de sacar adelante el proyecto y defender sus intereses. Esto ofrece una medida clara de la importancia de los recursos hídricos en la zona.

En 2007 se descubrió un gran lago subterráneo en la región de Darfur. Hasta ese momento era algo que se suponía, pero un equipo del Centro de Detección Remota de la Universidad de Boston confirmó dichas suposiciones.

---

[4] **PRESA DEL RENACIMIENTO:** Presa proyectada y construida por Etiopía en el curso de Nilo Azul, a escasos 20 km de la frontera con Sudán. Su construcción se ha tratado como una cuestión de soberanía nacional. Comenzada en 2011, la Presa del Renacimiento se ha proyectado para almacenar 63.000 millones de metros cúbicos de agua y crear una planta hidroeléctrica que produzca hasta 6.000 MW.

[5] **ACUERDOS Y DISPUTAS:** Los gobiernos de Egipto, Etiopía y Sudán alcanzaron el 31 de enero de 2020 un principio de acuerdo sobre los principales puntos de disputa en torno a la construcción de la presa y se comprometieron a firmar el documento final a finales de febrero, si bien Adís Abeba abandonó las conversaciones antes de firmar el acuerdo, algo que sólo hizo El Cairo.

Posteriormente, los tres países coincidieron el 26 de junio en evitar cualquier acción "unilateral" sobre la presa, incluido el llenado de su embalse, hasta que no hubiera un acuerdo "vinculante" entre los tres, si bien Etiopía anunció en julio el inicio del proceso de llenado, lo que avivó las tensiones. A mediados de diciembre los gobiernos de Etiopía y Sudán acordaron reiniciar las conversaciones en torno a la presa después de que Jartum expresara sus reticencias a mantener los contactos si no se cambiaba el formato debido a la falta de avances en el proceso. las dos partes acordaron reiniciar las conversaciones y considerar la posibilidad de que los expertos de la Unión Africana (UA), que supervisa los contactos, tuvieran un mayor papel en el proceso.

La mediación de la UA arrancó en julio, después de que las negociaciones entre los tres países se estancaran el año pasado, algo que ocurrió igualmente en febrero tras una serie de contactos mediados por Estados Unidos y el Banco Mundial.
Los contactos trilaterales se retomaron el 27 de octubre bajo mediación de la UA tras siete semanas de parón y ante un repunte de las tensiones.

La extensión que ocupa el acuífero es de algo más de 30000 kilómetros cuadrados, equivalentes a la extensión del décimo lago más grande del mundo. Es evidente la importancia que tendría para la región su explotación, pero ello puede provocar nuevos episodios de tensión esta vez con los países fronterizos. Hace algunos años también se identificó otro acuífero similar en la región sur de Egipto limítrofe con Sudán. No es difícil imaginar que si se determinara la relación o conexión de ambos o una ubicación transfronteriza bien entre los citados países o con el Chad el conflicto internacional por la explotación y control de los mismos estaría servido. Y en la situación actual, en esas regiones, un acuífero es infinitamente más valioso que un yacimiento de petróleo[5].

Alguien dijo hace algún tiempo que los conflictos armados del futuro tendrían el agua como detonante principal. Y es muy posible que estemos asistiendo casi sin darnos cuenta a la materialización de esa hipótesis.

Corolario

Con el paso de loa años la situación en el país, y en la región en su conjunto no ha cambiado. El conflicto de Darfur desapareció del foco de los medios y así ha continuado. Sin embargo, dos de los tres principales actores mencionados en el artículo continúan siendo muy inestables, Sudán ha sufrido un golpe de estado cuyas consecuencias son imprevisibles, y el riesgo de que termine estallando una guerra civil que desemboque en otro Estado fallido no nada descartable. Por otro lado, Etiopía continua con sus constantes conflictos regionales, en esta ocasión en Tigray, donde la situación es confusa y no cesan de llegar noticias de crímenes por parte de uno y otro bando. En la base de todos los conflictos regionales seguimos encontrando la falta de desarrollo y la escasez de recursos vitales para este. Y entre estos recursos el agua ocupa el primer lugar, pues es la base de todo. Si tanto Sudán como Etiopia se deslizan por la senda que los llevaría a la condición de Estados fallidos, con Somalia ya en esa situación la evolución en la región será ya del todo impredecible. Añadiendo a todo ello que se estarían creando las condiciones ideales para que los radicales islamistas hagan su trabajo y su ideología arraigue creando un problema de magnitud desconocida.

MARRUECOS Y ARGELIA. LA LUCHA POR EL LIDERAZGO REGIONAL

Publicado en Atalayar nº 25, julio de 2020

Antecedentes

Durante el año 2020 diversas noticias relativas a un significativo rearme de Marruecos han saltado a la primera plana de varios medios. Estas han coincidido con el auge de las acciones de grupos yihadistas en todo el Sahel, especialmente en Mali y Burkina Faso y con una etapa especialmente convulsa en la política argelina que ha derivado en una gran incertidumbre sobre la evolución del país.

Hasta el momento Argelia ha sido la potencia regional que ha llevado la voz cantante en el Magreb acaparando el protagonismo de las iniciativas en la lucha contra el terrorismo y manteniendo cierta hegemonía en lo relativo a influencia política y económica.

Los movimientos del país alauita no sólo en materia de defensa sino en forma de acuerdos comerciales, en términos de una mayor participación en estructuras internacionales como la Unión Africana y llevando a cabo iniciativas como la reclamación de las aguas territoriales del Sahara occidental, lo cual afecta directamente a la soberanía de las aguas de las islas canarias entrando en colisión directa con los intereses del reino de España son indicadores claros del papel relevante que Marruecos quiere tener en la región. Ello merece un análisis profundo sobre el desarrollo de la situación y plantea preguntas sobre cuáles son las intenciones de Rabat y como pueden evolucionar las dinámicas regionales en una zona de vital interés para España.

Meses después, de la publicación del artículo, y tras el reconocimiento por parte del reino de Marruecos del Estado de Israel, como consecuencia de los "Acuerdos de Abraham, el gobierno de EE. UU. reconoció de manera unilateral la soberanía de Marruecos sobre el Sahara Occidental, una decisión que no ha hecho sino reforzar las intenciones de Rabat de erigirse como la nueva potencia regional. Así mismo, esta decisión puede tener consecuencias directas para nuestro país, pues no solo reafirma la reclamación de las aguas colindantes con Canarias, sino que puede afectar seriamente a la estabilidad de la zona al haber puesto en pie de guerra al Frente Polisario. Del mismo modo queda por determinar cuál será la respuesta de los grupos islamistas marroquíes al reconocimiento del Estado hebreo.

MARRUECOS Y ARGELIA. LA LUCHA POR EL LIDERAZGO REGIONAL

Durante los últimos meses, diversas noticias relativas a nuevos proyectos armamentísticos del reino de Marruecos han suscitado el interés de varios sectores. Mucho más si tenemos en cuenta que no se trata de algo esporádico, sino de un paso más en un proceso que lleva tiempo desarrollándose.

Por ello es interesante profundizar un poco en las dinámicas de la zona y tratar de arrojar luz para poner en contexto los pasos que en materia de seguridad y otras áreas está dando nuestro vecino del sur.

Más de una década después del colapso de Libia y el grave proceso de desestabilización de Mali, los líderes políticos regionales aún están intentando establecer unos principios y un sistema adecuado de gestión que pueda llevar a la región a una razonable situación de estabilidad dentro del marco de una arquitectura de seguridad regional que englobe, no sólo al Magreb sino a toda la región del Sahel.

Las potencias regionales en esta particular zona del planeta no pueden medirse o identificarse basándose simplemente en sus capacidades materiales, tales como gasto militar, potencial económico, población etc. El rasgo principal que debe caracterizarlas es su capacidad de llevar a cabo e implementar un amplio abanico de medidas y políticas de seguridad que tengan impacto más allá de sus fronteras.

La lógica establece que cuando un actor aspirante a ser un elemento clave que proporcione seguridad y estabilidad a una región, al verse confrontado por los problemas de seguridad o en la necesidad de afrontarlos, la relevancia de su poder ha de basarse en su capacidad para liderar, asistir, acotar los problemas adecuadamente y persuadir al resto de actores con capacidad de influenciar en la situación. En un sentido más amplio, este liderazgo se refleja en la capacidad de afectar a los países colindantes, de minimizar los dilemas de seguridad, establecer dinámicas de colaboración con otras potencias o figuras del sistema regional y limitar o contener las posibles intrusiones o injerencias de personajes extrarregionalas.

Pero estos logros no pueden calar de un modo efectivo salvo que estén apuntalados por tres pilares fundamentales:

- Tener la capacidad suficiente y la voluntad de contribuir a la seguridad regional (mediante la asistencia militar, la mediación, las operaciones de mantenimiento de la paz...)
- Estar en posesión de recursos de liderazgo y poder más allá de las capacidades militares (pertenencia a comunidades religiosas transnacionales, arraigada cultura diplomática, fuertes relaciones económicas)

- La aceptación por parte del resto de estados de la región como potencia regional.

Es indudable que para poder ejercer este liderazgo es muy importante que quien aspire al mismo tenga una aceptable estabilidad doméstica. Aquellos que aspiren al mismo, pero sufran problemas estructurales, dispongan de instituciones políticas incoherentes y sus propios proyectos como nación no estén asentados, difícilmente podrán asumir y mantener esa función de responsabilidad regional y actuar como interlocutores entre su región y las principales potencias mundiales.

No obstante, la realidad es que son actores externos o potencias regionales subestimadas los que asumen este papel. Sin ir más lejos, el ejemplo de esta aseveración lo tenemos en el Sahel y en la zona de África oeste, donde son Francia y Marruecos los que se han revelado como los elementos más activos en este sentido.

Más concretamente, Francia ha asumido el liderazgo de la lucha antiyihadista en la zona[6], al tiempo que Marruecos

---

[6] **OP BARKHANE:** La Operación Barkhane es una operación llevada a cabo en el Sahel, principalmente en Mali, por las Fuerzas Armadas Francesas y las fuerzas armadas de los países aliados locales de la región africana del Sahel que tiene como objetivo luchar contra el terrorismo y contra grupos insurgentes en la región del Sahel. Se inició en agosto de 2014 como continuación de la Operación Serval puesta en marcha en enero de 2013 por Francia y el gobierno de Mali en el norte de ese país bajo el amparo de la ONU con el objetivo de frenar el avance de rebeldes islamista ligados a Al Qaeda que desde 2012 gobiernan de facto el norte del país.

utiliza su posición económica, sus relaciones y su papel de moderador, sustentado por una creciente capacidad militar, para extender su influencia en la región.

Esta combinación de ambas líneas de actuación con la finalidad de avanzar en la consecución de sus objetivos regionales está dando sus frutos, al tiempo que ofrece un claro contrapeso a la forma que tiene Argelia de lograr su posición.

Es un hecho que ambas naciones tienen las mismas aspiraciones, y que la manera de llevar a cabo su política exterior afecta al orden económico y de seguridad locales.

El marco regional

El concepto de poder y las diferentes formas de medirlo es clave como parte de los estudios para establecer aquellos elementos susceptibles de ser proveedores de seguridad a una región. Hasta el momento, el modelo predominante ha sido el basado en las capacidades materiales. Según *Derrick Frazier y Robert Stewart-Ingersoll,* el poseer un conjunto suficiente de capacidades materiales, principalmente militares y económicas, es lo que determina la influencia relativa que tienen unos Estados frente a otros en una región.

Las capacidades materiales son sin duda importantes, pero para alcanzar el status de potencia o estabilizador regional en lo relativo a la seguridad es necesario cumplir ciertas condiciones previas, entre otras la capacidad de poseer una visión juiciosa del empleo de esos recursos de poder y el reconocimiento regional a su liderazgo. Así mismo, las dinámicas internas del estado aspirante a potencia regional (su sistema político y económico principalmente), son factores críticos para ese liderazgo regional.

En la zona del Magreb y el Sahel son dos las potencias que se disputan ese papel de dirigente regional: Marruecos y Argelia, y es interesante analizar tanto sus capacidades como su formación para ejercer como tales, sobre todos después de los acontecimientos acaecidos durante el último año. Y tal vez dicho análisis arroje luz sobre los últimos movimientos a los que estamos asistiendo, tanto a nivel político como militar.

Argelia

Argelia se ve a sí misma como la potencia natural en la zona. Tiene importantes reservas de hidrocarburos y gas que le proporcionan prominencia económica que, junto con un tamaño geográfico considerable, alimenta la intención de dar forma a esas esferas de poder superpuestas, al tiempo que guían su actuación en el plano internacional. El país dispone de una importante capacidad militar, es capaz de proyectarla y posee una reconocida capacidad y experiencia en la lucha contra el terrorismo. Un dato para tener muy en cuenta es su presupuesto de defensa. Sólo Egipto tiene un presupuesto de defensa mayor que el de Argelia en todo el continente, y es el país africano con la mayor ratio de importación de armas.

Pero a pesar de las apariencias, Argelia ha luchado denodadamente para influir en eventos regionales o ganar reconocimiento en su intento de lograr esa autoridad regional.

A pesar de que una potencia disponga de una capacidad material muy superior a la de sus vecinos y tenga el propósito o deseo de imponer la agenda de seguridad según su visión en la región, es imprescindible que tenga el reconocimiento de su liderazgo a través del mantenimiento de relaciones cordiales con sus vecinos y una gestión inteligente de sus capacidades como Estado para desarrollar un rol constructivo en la prevención de conflictos, gestión de crisis, mediación, operaciones de mantenimiento de la paz y, si es necesario, de imposición de la misma.

La rigidez doctrinal demostrada por Argelia, los contenciosos que sobrevuelan sobre las relaciones con Francia y Marruecos y la ineficacia de las instituciones de seguridad regional que ha tratado de implementar han obstaculizado sus prolongados intentos para conseguir la legitimidad regional necesaria para lograr esa dirección.

La larga y seria enfermedad del hasta no hace mucho presidente del país también ha repercutido, privando al país de la cohesión interna necesaria y de un mandato fuerte y efectivo, tan necesario ambos para desarrollar una efectiva política exterior.

Desde la consecución de su independencia, Argelia ha tratado de convertirse en una potencia capaz de influir en el mundo, buscando a su vez apoyo en foros multilaterales en beneficio de su derecho de autodeterminación, para la inviolabilidad de sus fronteras, la no injerencia en sus asuntos internos, etc.

La época dorada de su actividad diplomática en África podemos enmarcarla durante la presidencia de Mohammed Boukharoba, más conocido como Houari Boumediene, desde 1966 a 1978. Su periodo fue de intensa actividad en lo que se refiere a política exterior, y entre otras acciones instigó y promovió movimientos de izquierdas promarxistas, así como grupos autoproclamados progresistas que se oponían a gobiernos pro-occidentales como los de Marruecos, Níger y Senegal. Y en ese intento por establecer alianzas con otras causas revolucionarias y movimientos similares a lo largo y ancho de toda la región, entabló estrechas relaciones con países como Cuba y la extinta Yugoslavia. Durante ese periodo, elementos de las fuerzas de seguridad argelinas proporcionaron adiestramiento y material a grupos guerrilleros palestinos y a organizaciones aliadas del régimen cubano en Latinoamérica, sirviendo a su vez el territorio argelino como base de entrenamiento y operaciones para grupos que iban desde Sudáfrica a Argentina, pasando por Venezuela.

Esta tendencia se suavizó en parte y disminuyó en actividad durante el periodo de gobierno del sucesor de Boumediene, Chadil Bendjedid. No obstante, Bendjedid fue probablemente de los presidentes argelinos más activos en África, entablando fuertes lazos con varios líderes y ofreciendo buenos servicios de mediación en conflictos entre estados. Así mismo, tuvo un papel muy relevante a la hora de la admisión formal de la autoproclamada República Democrática Árabe Saharaui en la entonces Organización de la Unidad Africana, la actual Unión Africana, en 1984. Algo que como era de esperar generó tensiones con su vecino marroquí.

La espiral de violencia que llevó al país a la guerra civil en 1992 dio al traste con las aspiraciones regionales de Argelia. Las prioridades durante la década de los 90 fueron, por un lado, evitar el aislamiento del país y por otro evitar cualquier intervención o injerencia extranjera, principalmente occidental, en su conflicto interno. El resultado final fue la aquiescencia lograda por parte del régimen militar que se hizo con el poder para con su decisión de abortar el proceso electoral de enero de 1992 y la consiguiente campaña despiadada de contrainsurgencia que tuvo como objetivo los grupos armados islamistas.

Con la victoria lograda contra el alzamiento islamista y la elección del antiguo ministro de exteriores, Abdelaziz Bouteflika como nuevo presidente del país en abril de 1999, la política exterior argelina cobró nueva fuerza. El gradual retorno de la paz al país y la mejora de la situación económica facilitaron el objetivo que se marcó Bouteflika de restaurar la deteriorada imagen exterior de Argelia.

El primer paso dado en esa dirección y para recuperar un papel de liderazgo en África fue la fundamental aportación en las negociaciones para la consecución de la paz entre Etiopía y Eritrea en el año 2000. Otro hito en este proceso fue la creación de la NEPAD (New Partnership for Africa´s Development) en 2001.

Pero curiosamente, fue un hecho como los atentados de nueva York en 2001, el que además de provocar un cambio radical en el panorama internacional, reforzó las ambiciones geopolíticas de Argelia. El presidente tuvo el argumento perfecto para enarbolar la legitimidad de su lucha y su carácter de actor fundamental en la guerra contra el terrorismo ganado cuando el país se convirtió en un laboratorio de políticas y lucha contraterrorista.

En cierto modo pudo vender la idea de que el régimen argelino fue providente durante su lucha contra los radicales islamistas en sus advertencias sobre el peligro que representaba este movimiento.

La proliferación de grupos yihadistas en la zona sur del país impulsó el objetivo de Bouteflika de convertir a Argelia en una pieza fundamental y un socio clave en la lucha internacional y regional contra el terrorismo, y más concretamente en la zona transahariana.

Desde la puesta en marcha de la iniciativa Pan Saheliana[7] en 2002 hasta nuestros días, en el marco de las diferentes evoluciones de ésta y de las diversas estructuras creadas para combatir el terrorismo en la zona, Argelia ha sido permanentemente invitada a participar en todas ellas, y se le ha solicitado su experiencia y lecciones aprendidas en la lucha antiterrorista, contrainsurgente y contra el crimen organizado. El importante papel que ha jugado en la lucha contra AQMI (Al Qaeda en el Magreb Islámico) ha sido reconocido como esencial. La importancia de Argelia en el campo de la seguridad se ha visto así mismo reforzada por una serie de acuerdos de cooperación en materia de defensa y seguridad con varios países de la UE incluyendo a Gran Bretaña y Alemania, del mismo modo que a ello ha

---

[7] **INICIATIVA PAN SAHEL:** PSI (Pan Sahel Initiative) en sus siglas en inglés, fue un programa desarrollado por EE. UU. en la zona noroccidental-meridional de África, parte del desierto del Sahara occidental y el Sahel que trataba a través del Departamento de Estado y del Departamento de Defensa de garantizar las fronteras, combatir el terrorismo y fomentar la cooperación de los países de la zona para lograr una mayor estabilidad política. El PSI se dirigía a Mali, Niger, Chad y Mauritania.

contribuido una estrecha colaboración con EEUU que se refleja en la creación de un grupo de contacto bilateral sobre asuntos de lucha antiterrorista y cooperación de seguridad.

En abril de 2010 Argelia dio un paso decisivo en su intento de asumir el rol de líder regional en la lucha contra el terrorismo creando el "Comité Conjunto de Estado Mayor Operacional", ubicado en Tamanraset. Las funciones de este órgano eran impulsar las operaciones militares y de seguridad, así como la coordinación en la obtención de inteligencia y apoyo logístico entre sus miembros (Argelia, Mauritania, Mali y Niger), y constituir una fuerza conjunta de setenta y cinco mil hombres. Los objetivos de Argelia con esta iniciativa eran más ambiciosos, y pretendía lograr extender las operaciones a un segundo círculo de países del Sahel que incluían Burkina Faso, Nigeria, Chad y Senegal. Desde luego, si algo no se puede achacar a Argelia es la falta de conocimiento del problema, pues sólo es necesario echar un vistazo a la situación actual en todos los países mencionados y a cómo está siendo la evolución de la amenaza yihadista en la zona. Pero después de ese esfuerzo, ni el CEMOC ni la Unidad de Fusión y Enlace creada al unísono con base en Argel fueron capaces de ir más allá de las promesas de proporcionar inteligencia y coordinar las fuerzas sobre el terreno en la lucha contra los grupos extremistas violentos. Las tropas comprometidas nunca fueron aportadas, del mismo modo en que tampoco lo fue la imprescindible arquitectura de comunicaciones.

Cuando la situación estalló en Mali en 2012, tanto el CEMOC como la FLU eran dos organismos paralizados, incapaces de responder y mucho menos evitar la ocupación del norte de Mali por grupos yihadistas y su intento de avance hacia la capital del país.

Los motivos de esta ineficacia tienen sus raíces en un amplio número de factores que van desde la total inexistencia de una estrategia coordinada para el intercambio de inteligencia, a la ausencia de la fundamental confianza mutua entre los miembros de dichas estructuras. El resto de los miembros de ambas organizaciones mostraron su descontento acusando a Argelia de acaparar inteligencia sobre grupos armados que operaban en el Sahel, al mismo tiempo que Argelia sospechaba que algunos de sus socios, más concretamente Mali, sufría importantes fugas de información. Otros motivos para el fracaso de ambas iniciativas fueron razones meramente estructurales, construidas en parte para evitar que el principal rival regional de Argelia, Marruecos, y potencias occidentales tomaran posiciones en su patio trasero.

Los intentos de Argelia por bloquear lo que percibía como competidores regionales y la actuación de fuerzas internacionales de estabilización no evitaron que sus vecinos de la zona del Sahel impulsaran sus alianzas en materia de seguridad con Francia y otros países occidentales, llegando en más de una ocasión a operar de forma conjunta con esos países en lugar de coordinar sus acciones con Argelia.

El malestar creado en el seno de las dos plataformas mencionadas, unido a las reticencias de Argelia a responder a la petición de ayuda por parte de Mali en 2012 para frenar el avance de las columnas yihadistas, llevaron a que Mauritania, Mali, Niger, Chad y Burkina Faso dieran un paso al frente y crearan el que se conoce como grupo G-5 Sahel[8], cuya finalidad es controlar la amenaza que supone para la seguridad en la región la enorme porosidad de las fronteras. Esta iniciativa, que cuenta con una fuerza de aproximadamente 5000 hombres que operan a ambos lados de las fronteras de los países participantes, recibe un fuerte apoyo de Francia, que ha aprovechado la inacción y las reticencias de Argelia para actuar militarmente a favor de sus vecinos para ocupar el vacío de liderazgo que el país magrebí ha dejado.

No obstante, Argelia sigue segura de lo indispensable de su participación, y no duda de que tarde o temprano su experiencia será necesaria y reclamada. No deja de ser cierto que tiene un profundo conocimiento de las dinámicas de las

---

[8] **G5 SAHEL:** Estructura institucional de coordinación y seguimiento de cooperación regional para políticas de desarrollo y seguridad creado el 16 de febrero de 2014. Está formado por Burkina Faso, Chad, Mali, Mauritania y Niger.

redes yihadistas en la zona, y es ampliamente conocida la compleja y discreta relación que mantiene con Iyad ag Ghali, el líder tuareg y cabeza del grupo yihadista Ansar Dine[9] y, desde su creación en 2017, del "Frente de Apoyo al islam y los Musulmanes", asociación que aúna a los principales grupos yihadistas que operan en el Sahel. De hecho, el papel como mediador de Argelia fue indispensable para lograr el acuerdo de paz con el MNLA en 2015.

Los acuerdos bilaterales con países de la región también son una parte importante de la influencia de Argelia en la región, que ha llegado a adiestrar a dos batallones del ejército de Niger y a comprometerse a la construcción de instalaciones para unidades de fuerzas especiales de Níger en In-Abanqarit, justo en la frontera común entre ambos países y Mali.

No obstante, todo lo anterior, es importante resaltar que la política exterior de Argelia, debido a las reminiscencias del legado colonial francés y a la consecución de forma violenta de su independencia, está muy marcada por la conservación de su soberanía y la no injerencia. Y fruto de ello es su escepticismo hacia las potencias occidentales y la OTAN.

---

[9] **JNIM:** También conocido como Grupo de Apoyo al islam y los Musulmanes (Jama'at Nasr al-Islam wal Muslimin), organización terrorista de ideología salafista yihadista. Fue creada el 1 de marzo de 2017. Nace de la fusión de Ansar Dine, Al Qaeda en el Magreb Islámico (AQMI), la katiba Macina y la katiba Al Murabitun. Se sitúa bajo la bandera de la organización terrorista Al-Qaeda

Otro aspecto que no se debe olvidar es que Argelia es el país africano que más invierte en defensa, teniendo el mayor presupuesto para este capítulo en todo el continente, aunque sigue manteniendo la prohibición de desplegar sus fuerzas más allá de sus fronteras.

Las relaciones con su competidor natural en la región, Marruecos, son algo más que tensas, precisamente debido a esa lucha por erigirse en la potencia de referencia regional, así como al opuesto punto de vista que ambos tienen sobre el problema del Sahara Occidental[10], territorio que Marruecos reclama como suyo y que de hecho administra, al tiempo que Argelia da cobijo y apoyo al Frente Polisario en lo que no deja de ser una maniobra para debilitar y desestabilizar a su oponente.

A pesar de todo lo relatado hasta el momento y de la posición argelina hasta hoy, sus vecinos son conscientes de que sin su implicación activa será muy complicado actuar para resolver satisfactoriamente los conflictos de Mali y Libia. El ejemplo lo tenemos en Túnez, donde la implicación de Argelia

---

[10] **RECONOCIMIENTO DE EE. UU.:** Meses después de la publicación de este artículo, el 10 de diciembre de 2021 EE. UU. anunció el reconocimiento del Sahara Occidental como parte integrante del reino de Marruecos de manera sorpresiva. Dicho reconocimiento ha provocado una convulsión en la región y el rechazo frontal de Argelia y Rusia. Marruecos plantea una autonomía limitada. La decisión de EE. UU. ha aumentado la tensión y las actividades militares del Frente Polisario, ya de por sí muy activo desde el bloqueo del paso de Guerguerat en la frontera con Mauritania durante el mes de noviembre. La acción de EE. UU. se interpreta como una concesión al reino alauita después de su reconocimiento del Estado de Israel.

fue fundamental para lograr la estabilidad política en la transición después del gobierno de Ben Ali.

Pero como hemos visto al comienzo, uno de los pilares para poder erigirse como potencia estabilizadora regional es la consecución de su firmeza interna. Y actualmente la solidez de Argelia ofrece serias dudas.

Desde comienzos de 2019 las protestas pacíficas a lo largo de todo el país han abierto una etapa de incertidumbre. Se iniciaron en febrero como respuesta a la decisión de Abdelaziz Bouteflika de presentarse a una quinta reelección a pesar de su avanzada edad y de su delicado estado de salud.

La presión social tuvo efecto y en marzo el presidente Bouteflika retiró su candidatura a las elecciones. Poco después, en abril y forzado por el jefe del Estado Mayor del Ejército, el general Ahmed Gäid Salah, auténtico hombre fuerte del régimen y hasta el momento su firme aliado, renunció a su puesto.

Inicialmente las elecciones estaban previstas para el mes de abril, pero tras la renuncia de Bouteflika, el parlamento, siguiendo lo marcado por la constitución, reconoció al presidente del senado, Abdelkader Bensalah como presidente interino del país, convocando elecciones para 90 días después de dicho nombramiento. Pero, en otro giro de los acontecimientos, el Consejo Constitucional de Argelia canceló esos comicios previstos para el 4 de julio al anular las dos únicas candidaturas que se habían presentado. Si bien las protestas en las calles no habían cesado en ningún momento, esto no hizo sino acrecentarlas, demandando cambios políticos más profundos.

Durante el desarrollo de las protestas, grupos cercanos a organizaciones yihadistas vieron la oportunidad de llevar estas hacia una senda próxima a sus tesis. Las instrucciones no obstante eran mantener un perfil bajo, no dar ningún paso en falso para de ese modo, poco a poco lograr que su mensaje calara en la masa descontenta que ocupaba las calles para, llegado el momento, hacerse con el poder. El principal temor era que, o bien algún grupo fuera de control llevara a cabo cualquier tipo de acción violenta que provocara una reacción furibunda por parte de las Fuerzas Armadas argelinas, o que ante el avance claro de los yihadistas fuese el gobierno el que ejecutase dicho tipo de acción, culpando de ella a los islamistas con la finalidad de tener la excusa perfecta para obrar en su contra. De un modo u otro, la cosa no fue a mayores. Pero la situación no estaba clara, y no existía ni una idea definida sobre cómo resolver la discordia en las calles hacia las autoridades interinas, ni quién era la persona con la credibilidad suficiente para negociar una solución. El General Gäid Salah se posicionó como el elemento clave, pero sin hacerse con el poder de una forma explícita. Por su parte, Bensalah permaneció en su puesto una vez expirado el periodo de 90 días de mandato y mientras, las fuerzas del orden arrestaron a importantes hombres de negocios, miembros de la Inteligencia militar y políticos, todos ellos acusados de corrupción. Algunos de los detenidos pertenecían al círculo cercano del ya expresidente Bouteflika.

El sistema político construido durante la era Bouteflika se caracterizó por una figura presidencial muy fuerte soportada por un aparato de seguridad con las mismas características. Un estado cuyo centro de gravedad era la economía con importantes programas de ayudas sociales, soportados por los grandes beneficios procedentes de la explotación de los recursos energéticos del país. Los procesos de toma de decisiones se percibían como opacos, y tanto políticos como miembros de la cúpula militar y de los servicios de inteligencia, así como prominentes hombres de negocios medraban por lograr más influencia y se enfrascaban luchas intestinas por ello, pero siempre tras las bambalinas del poder.

A pesar de todo, el sistema proporcionó un aceptable nivel de vida a la población en general, así como una preciada estabilidad. Pero después de asistir a los diferentes movimientos en varios países árabes, la perspectiva de una transición incierta y falta de liderazgo comenzó a calar conforme aquellos miembros de la generación que lideró la revolución y que luchó por la independencia entraban en la última etapa de su vida o iban falleciendo. Ello degeneró en una parálisis política debido a la falta de consenso entre las elites sobre cómo afrontar la era post Bouteflika.

Después de un prolongado periodo de interinidad, más allá de lo que marca la ley y durante el cual las protestas no cesaron, se convocaron elecciones para el día 12 de diciembre. En las mismas, el ex primer ministro, Abdelmayid Tebune, consiguió la victoria directa en la primera vuelta al recibir un 58,15 por ciento de los votos. Tebune logró más de cuarenta puntos porcentuales de diferencia al segundo en la votación, el ex ministro de Turismo Abdelkader Bengrina, que obtuvo un 17,38 por ciento. Ninguno de los tres candidatos restantes rebasó el 11 por ciento.

No obstante, la tasa de participación es el principal indicador de la situación política que vive el país rondando el 40 por ciento, la más baja registrada en la historia de las elecciones argelinas. Ésta se deduce derivada del extremo descontento popular con la élite política.

Si comparamos estos datos con comicios anteriores, los datos son más que significativos, la tasa de participación en 2014 fue del 50,7 por ciento, un acusado descenso frente al 74,56 por ciento de asistencia en 2009. Esta tendencia descendente en el tiempo refleja el progresivo rechazo de los argelinos a un sistema político que consideran ineficaz y corrupto.

El más claro ejemplo una vez más lo determina la continuación de las protestas en la capital tras el anuncio del resultado de las elecciones.

Tebune, de 74 años es considerado un tecnócrata, y llega a la Presidencia tras una larga carrera política que se truncó cuando fue cesado por Bouteflika por supuestos roces con influyentes empresarios del país y sospechas de injerencia en la política exterior, potestad del mandatario.

El mayor desafío del nuevo presidente será convencer a los críticos de que no es, como denuncian, parte de una estratagema orquestada por las autoridades militares para preservar el viejo orden político y que "todo cambie sin cambiar nada".

Otro aspecto fundamental, aunque no menor, será como enfrentar la crisis económica más grave que el país ha atravesado en décadas. Las exportaciones energéticas, que suponen el 95 por ciento de los ingresos estatales, han descendido un 12,5 por ciento en 2019. Las reservas de moneda extranjera se han desplomado, y se prevé una reducción del gasto público en al menos un 9 por ciento durante este año.

Pero al poco de comenzar su mandato, un hecho inesperado se ha convertido en un problema principal tanto para el nuevo presidente como para la estabilidad del país. Sólo cuatro días después del acto de investidura fallecía de manera repentina a causa de un infarto el General Ahmed Gaid Salah, Jefe de Estado Mayor del ENP, viceministro de Defensa y responsable de los Servicios de Inteligencia. En abril de 2019, fue la persona clave para lograr la dimisión del presidente Bouteflika, con objeto de intentar frenar la presión popular del movimiento Hirak que también reclamaba su dimisión, consiguiendo así convertirse en el verdadero hombre fuerte del país.

Gaïd Salah estaba inmerso en la supervisión de la transformación del ejército, logrando su independencia del poder político y afianzando su papel de árbitro de las disputas políticas, asegurando que se mantenía bajo el control del poder civil.

La desaparición de una figura clave como esta no hace sino arrojar más incertidumbre sobre la deriva que pueden tomar los acontecimientos en el país norteafricano. Sin su colaboración, el nuevo presidente carece de alguien con la experiencia, carisma y conocimientos necesarios para poder llevar a cabo las reformas que exige la población de una forma sosegada, evitando los seguros intentos que harán los islamistas de alterar la situación para poder hacerse con el control del país.

Marruecos

La situación actual no ha pasado desapercibida por el gran competidor de Argelia en la región y al mismo tiempo eterno enemigo, el Reino de Marruecos.

Si Argelia nos ofrece un claro ejemplo de nación que ha volcado sus esfuerzos en lograr que sus importantes recursos naturales y su elevada inversión en defensa se traduzcan en un eficaz liderazgo en la región del Magreb y en la zona del Sahel, Marruecos es el paradigma de actor aspirante a convertirse en el referente y proveedor de seguridad regional que emplea eficazmente sus menores recursos transformándolos en herramientas eficaces para incrementar su influencia regional.

El país alauita ha utilizado muy inteligentemente sus recursos más adecuados para proyectar su poder en la región, al tiempo que gradualmente ha incrementado sus relaciones e interconexiones culturales y económicas con el resto de los países de la zona.

El hábil empleo que ha hecho Marruecos de un factor tan determinante en el mundo árabe como es la religión, así como la ventaja comparativa de sus empresas, su industria, y su apuesta por incrementar sus capacidades en lo que se refiere al empleo de energías renovables ha colocado al país a la vanguardia de un gran número de asuntos que afectan no sólo a la región sino más allá de esta.

Si se pone el foco en el plano de las capacidades militares, es obvio que estas son menos significativas que las que posee Argelia, pero aun así también sirven de impulso estratégico para sus intereses, como lo demuestra el lanzamiento en noviembre de 2017 de un satélite de observación terrestre, convirtiendo al reino de Marruecos en el primer país africano que posee un medio como ese. Como contrapartida, y dentro de la rivalidad y competencia entre ambos países, Argelia está preparando el lanzamiento de su propio satélite desde China, pero sus capacidades, una vez operativo, son mucho menores que el marroquí, que proporciona a su país un potente medio de obtención de inteligencia y una independencia en este campo sin parangón en toda la región.

Así mismo, y continuando en el plano estricto de la seguridad, los servicios de inteligencia del reino son muy activos en ciertas zonas del Sahel, y la compañía marroquí de telecomunicaciones "Maroc Telecom", que tiene cuatro filiales en el continente africano, se cree que realiza labores de obtención de información sobre grupos extremistas en aquellos países en los que opera.

Al contrario que Argelia, Marruecos sí ha jugado la carta de implicarse fuera de sus fronteras, al menos puntualmente. En 2016 ayudó en la lucha contra Boko Haram proporcionando a Niger equipamiento militar. El anunciado próximo retorno del reino alauita a la Unión Africana tendrá sin lugar a duda un impacto visible en la evolución del papel de las Reales Fuerzas Armadas en la región del Sahel y adyacentes.

La posición que tradicionalmente ha ocupado el país en el concierto africano ha sido ligeramente moderada, incluso a pesar de haber ganado cierto peso después de la subida al trono de Mohamed VI en 1999. Y todo ello solventando de una manera muy eficaz los problemas socioeconómicos y de seguridad que afectaron al régimen alauí en 2011 a raíz de los movimientos surgidos durante la primavera árabe.

Mohamed V, abuelo de Mohamed VI tuvo siempre un gran respeto y reconocimiento en el continente africano, fue conocido por ser un convencido activista africanista y antimperialista. Durante su reinado, Marruecos se implicó en la operación de mantenimiento de la paz en el entonces Congo Belga, al tiempo que Mohamed V apoyaba al líder nacionalista africano y padre de la nación congoleña Patrick Lumumba. Fue suya también la iniciativa de la Conferencia de Casablanca en la que se adoptó una carta de acuerdos con una serie de términos anticolonialistas y contra la segregación racial que sirvieron de base para el establecimiento de la "Organización de la Unión Africana" en mayo de 1963.

Su hijo, Hassan II subió al poder en 1961 y siguió una política continuista con la de su padre. Habitualmente recurría a la metáfora de comparar a Marruecos con un árbol que tiene sus raíces en África y sus ramas en Europa. Ejemplo claro de su línea de actuación es la creación de ministerio de Asuntos Africanos. Cuando emergió el conflicto del Sahara Occidental se puso de relieve la profunda brecha y las diferencias económicas e ideológicas que existían en el continente entre los países que se podían calificar como moderados y que se alineaban con Marruecos y aquellos que se autodenominaban progresistas y respaldaban a Argelia.

Como respuesta a la admisión de la autoproclamada República Árabe Democrática Saharaui en la Organización de la Unión Africana, Marruecos abandonó dicha organización en 1984, intensificando la división entre los bloques previamente mencionados.

Desde entonces, la principal preocupación de Marruecos procedía del temor de verse atrapado por lo que podría considerarse una pinza con Argelia en el Este y España al norte, a lo que había que añadir las complicadas relaciones con su vecino del sur, Mauritania.

La subida al trono de Mohamed VI vino acompañada de un claro refuerzo de las alianzas tejidas por su padre, Hassan II en el África Occidental, imbuyendo a éstas con un marcado carácter económico que se unía a las tradicionales relaciones personales y acuerdos en materia de seguridad logrados por su antecesor.

Tras largos años centrándose en buscar alianzas e influencias en el África francófona, el reino de Marruecos ha dado un giro orientando su política exterior hacia los países del África anglófona, pero con el mismo objetivo, en parte debido a que las hasta ahora imprescindibles relaciones comerciales y económicas con la Unión Europea en cierto modo pueden verse afectadas por la diferente postura frente al problema del Sahara Occidental. Como se ve, este tema es uno de los centros de gravedad de la geoestrategia alauita. Todo ello convierte en una necesidad imperativa para Marruecos, reducir su dependencia económica de la UE como mercado principal para sus productos y buscar nuevos mercados en las economías emergentes del continente africano, lo que, de conseguirlo, será sin duda el más claro ejemplo de convertir la necesidad en virtud. Eso sí, desde el punto de vista español, ese factor debe ser tomado muy en cuenta y seguido muy de cerca. Cuanto menos necesite marruecos a la UE más libre se sentirá para profundizar en sus históricas reclamaciones. El reciente movimiento en lo que se refiere a sus aguas de soberanía y la zona económica exclusiva es muy probable que se enmarque en esa reorientación global del país[11]. Un primer paso para estar en disposición de seguir adelante, si se dan las circunstancias.

---

[11] **CEUTA Y MELILLA:** Poco después del reconocimiento de la soberanía marroquí sobre el Sahara Occidental por EE. UU., el ministro de exteriores marroquí, Saadeddine El Othmani, en una entrevista a una cadena egipcia, declaro que "*llegará el día en que vamos a reabrir el asunto de Ceuta y Melilla, territorios marroquíes como el Sáhara*". Estas declaraciones no están libres de intencionalidad, y son un primer sondeo para pulsar la reacción de España y la

Ejemplo de lo activo del país en el plano económico son las cifras de exportación de fosfatos, que lo convierten en líder mundial del sector. Del mismo modo empresas tan importantes como "*Royal Air Maroc*", "*Maroc Telecom*", el "*Grupo Adoha*", o el "*Banco Attijariwafa*" están muy bien implantadas en un significativo número de países africanos, cubriendo sectores como la minería, el transporte aéreo, las telecomunicaciones, el desarrollo inmobiliario o el bancario. En lo que se refiere a este último, son tres entidades marroquíes las que lideran el mismo en todo el África oeste francófona: "*Attijariwafa Bank (AWB), "Groupe Banque Centrale Populaire (BCP) y el "Banque Marocaine du Commerce Exterieur (BMCE)*".

El objetivo no es otro que llegar a convertirse en la plataforma financiera regional y la puerta de salida de los potencialmente rentables mercados emergentes del continente, y para ello, además de la implantación de las citadas entidades, se ha creado la "*Casablanca Finance City*". Y lo cierto es que gran parte del atractivo de Marruecos es la perspectiva que ofrece de convertirse en el epicentro de una cooperación a tres bandas en la que puede utilizar sus herramientas y posición ventajosa para movilizar y atraer los recursos de sus aliados en el Golfo Pérsico y los de sus socios europeos para invertirlos en el continente africano.

UE, y están claramente en línea con las aspiraciones de la nueva política exterior y de seguridad de Rabat descritas en el artículo.

No obstante, esta política no está exenta de críticas, y hay quien teme que el objetivo sea inundar los mercados africanos con productos europeos y marroquíes. Esto se traduce en el principal argumento de oposición al ingreso de Marruecos en la Comunidad Económica de Estados de África Occidental (ECOWAS), el cual daría a los productos marroquíes acceso libre de aranceles a los países miembros. Por descontado, el reino marroquí argumenta que su política de inversiones y su interés en formar parte del citado grupo no están guiados por un interés "depredador". Y hace hincapié en que su integración y la eliminación de los aranceles sería un proceso progresivo que permitiría a los demás países miembros del ECOWAS adaptar sus políticas económicas y sus leyes para lograr un mayor aprovechamiento mutuo del potencial que ofrece esa integración económica.

En paralelo a ese giro político y económico hacia África, lo que podemos considerar el patrimonio transnacional que significa el "sufismo", ha sido empleado de una forma muy activa como una forma de diplomacia religiosa. La monarquía alauí se ha preocupado de ir buscando un acercamiento a las redes de esta corriente del islam para crear un vínculo más profundo entre Marruecos y los países del África subsahariana, no sólo con la intención de promover su visión moderada de la religión, sino para lograr que la autoridad moral y religiosa que representa el rey Mohamed VI en su país vaya traspasando fronteras.

A los ojos de la Unión Europea, y desde el punto de vista de la seguridad, esta iniciativa es muy atractiva por lo que supone a la hora de establecer dinámicas que contrarresten el avance del terrorismo yihadista en el Sahel, y cuenta con cierto apoyo, pero aún se mantiene cierta cautela por la deriva autoritaria que pudiera tomar.

Conclusiones

El papel de Marruecos en lo que se refiere a las políticas de paz y seguridad en el seno de la Unión Africana aún está por definir. Pero la política antiterrorista, la prevención contra el extremismo religioso violento y el control de la inmigración ilegal son los tres asuntos prioritarios para el reino alauita.

La realidad es que le ha dado mucha importancia a su retorno a la UA, y mantiene una representación permanente muy numerosa, estando sus delegados presentes de una forma muy activa en diversos foros y discusiones de la Comisión de la Unión Africana en su sede de Addis Abeba.

Marruecos está aprendiendo muy rápidamente a desenvolverse con la complejidad que supone los diferentes conflictos existentes en el continente, a pesar de que aún necesita desarrollar la agilidad necesaria para trabajar e incluso liderar acelerado ritmo de las dinámicas de paz y seguridad en África.

A medio o largo plazo, en el proceso de encontrar su sitio en la resolución de los asuntos concernientes a la paz y la seguridad en el seno de la Unión Africana, se verá frente a frente con su principal competidor en la zona, Argelia, que aún mantiene una gran influencia en ese campo, si bien es cierto que la situación de cierta incertidumbre e inestabilidad que vive el país desde la renuncia de Bouteflika juega en su contra, y ese es un hecho que no ha pasado desapercibido a los estrategas marroquíes.

El otro punto que irremediablemente será objeto de fricción es el contencioso del Sahara Occidental. Marruecos y Argelia no sólo disputan un "duelo" por alcanzar el uno, y conservar el otro la hegemonía regional, sino que tienen visiones opuestas sobre dicho problema.

En definitiva, los objetivos centrales de la política del reino alauita en África son consolidar sus intereses en el Sahara occidental y ofrecer un contrapeso o alternativa creíble y viable a la influencia regional y continental que hasta el momento ha ejercido Argelia. Y ambos son sin lugar a duda dos de las principales razones que han llevado a Marruecos a regresar a la UA. Como objetivo colateral y vinculado a los dos anteriores podemos considerar el intento de disminuir la dependencia de la Unión Europea, pues no es sino un lastre que limita enormemente la capacidad de maniobra tanto en el Sahara occidental como con otras reclamaciones territoriales o marítimas. Cualquier movimiento que afecte a los intereses de la UE o alguno de sus miembros o a decisiones o acuerdos internacionales como los existentes sobre el Sahara occidental podría acabar en el peor de los casos con una respuesta en forma de sanciones como ya se ha visto en otros conflictos[12]. Por ello, cuanto menor sea la dependencia de la UE, mayor libertad tendrá Marruecos para actuar sin temor a verse afectado por posibles represalias.

Con referencia al asunto del Sahara, la evolución de la actitud marroquí es patente. En el pasado su postura incluía el boicot a cualquier tipo de reunión en la que se tratara el tema o donde la República Árabe Democrática Saharaui estuviera representada de cualquier modo. En cambio, ahora se centra en reforzar su presencia en África para alcanzar sus objetivos a largo plazo, tratando de asegurarse una posición favorable en el seno del continente africano hacia estos.

Por último, el recurso de lo que se ha venido en llamar la "diplomacia espiritual" está siendo empleado para exportar su

[12] Indudablemente el movimiento que ha llevado a lograr el apoyo de EE. UU. ha sido un golpe de efecto que ha mitigado en parte los posibles efectos mencionados. No obstante, está por ver si el cambio de dirección en la administración de EE. UU. afectará a este reconocimiento o si por el contrario el nuevo gobierno asumirá la decisión tomada por la administración de Trump.

modelo de éxito a la hora de tratar con instituciones y personalidades religiosas para luchar contra el radicalismo religioso violento. Esto es parte de la estrategia regional de Marruecos y tiene como finalidad alcanzar tres objetivos:

- Mejorar la seguridad nacional
- Mejorar los límites que ofrecen otros mecanismos formales de seguridad regionales.
- Romper con la forma de hacer de Argelia cimentar su propia impronta.

No obstante, el éxito de Marruecos en la lucha antiterrorista mediante una aproximación holística que aúna, junto a la difusión de narrativas contrarias a la violencia, un programa de reintegración de excombatientes e inversiones para el desarrollo social y prestar servicios a poblaciones marginadas y vulnerables a la radicalización, tiene su oposición interna y no es compartida por todos los sectores. Así, mientras que los servicios de seguridad e inteligencia trabajan con un razonable éxito y están logrando evitar atentados y la implantación de células yihadistas en su territorio, el problema de los jóvenes que abandonan el país siguiendo la llamada de la yihad para unirse a las filas del Daesh persiste. Se calcula que más de 1500 han viajado a Siria y Libia para combatir junto al Daesh u otros grupos armados de corte yihadista.

La actuación de Marruecos en la región del Magreb y el Sahel es compleja. Si sólo se juzga en base a su "poder de seducción", el reino alauita cumple todos los requisitos para asumir el liderazgo regional. Su política económica y comercial, reforzada por su diplomacia religiosa y cultural, ha ganado una enorme influencia. Pero el gran desafío está representado por Argelia, que se opone de un modo impetuoso a los planes trazados por su vecino, restringiendo su capacidad de maniobra para actuar de un modo efectivo como fuerza o elemento estabilizador, especialmente en aquellas zonas que considera su área de influencia natural, como son Mali, Libia y Níger. Y es esa la razón por la que podemos explicar esa pequeña carrera armamentística regional entre los países. Ambos se miran con recelo, los intereses en juego son muchos, el peligro del yihadismo se hace cada día mayor, y el riesgo de desestabilización que supone junto con la incertidumbre y tensión latente que vive Argelia desde hace meses no ayuda a serenar a ninguno de los dos países.

Y paradójicamente, esa conflictiva interacción regional entra ambas naciones es el mayor obstáculo para sus reclamaciones de liderazgo.

Corolario

Este es probablemente uno de los asuntos que más actualidad ha cobrado en los últimos tiempos. Marruecos, después de haber recibido el respaldo de EE. UU. en sus aspiraciones sobre el Sáhara Occidental se ha situado en una posición privilegiada para culminar sus aspiraciones. Y ello en un contexto de inestabilidad social y política en Argelia, lo cual no hace sino beneficiar su posición.

Ese sentimiento de encontrarse en una posición de fuerza le ha llevado a acciones tales como permitir el asalto de más de diez mil personas de la valla fronteriza entre Marruecos y Ceuta como represalia contra España por acoger en su territorio al líder del Frente Polisario para tratarlo por encontrarse gravemente enfermo de COVID 19 a petición de Argelia. Así mismo según fuentes argelinas un convoy de camiones civiles ha sufrido un ataque por parte de fuerzas marroquíes en la frontera entre ambos países.

Argelia por su parte ha decidido cortar el suministro de gas hacia España a través del gasoducto que atraviesa Marruecos, con el consiguiente perjuicio para al país alauita. Además, ha prohibido a España vender el gas que recibe a través de las instalaciones de Medgaz a Marruecos.

Todo esto sucede justo además cuando ambos países se encuentran inmersos en una particular carrera armamentística en la que Marruecos está avanzando a pasos agigantados. En la actual situación cualquier error de cálculo o paso en falso por cualquiera de los dos contendientes puede desembocar en un enfrentamiento a mayor escala de consecuencias imprevisibles y que afectaría de manera muy negativa a Europa y especialmente a España.

Bibliografía

- Anouar Boukhars (2019). *Reassessing the power of regional security providers: the case of Algeria and Morocco*, Middle Eastern Studies
- Abderrahim, T., and Aggad, F. 2018. *Starting Afresh: The Maghreb's Relations with Sub-Saharan Africa*.
- Boukhars, A. (2018*). Maghreb: Dream of Unity, Reality of Divisions*. Doha: Aljazeera Centre for Studies.
- Dalia Ghanem (2019). *Algeria's CrisisOutlook and Regional Implications.* Konrad-Adenauer-Stiftung e. V.
- Cédric Baylocq, Aziz Hlaoua (2016). *Spreading a "moderate islam"? Morocco's new african religious diplomacy.*
- Lidet Tadesse Shiferaw (2019). *Peace and security in Africa:drivers and implications ofnorth Africa's southern gaze.* ECDPM

MALI. PARADOJA Y ENCRUCIJADA DE LA UNIÓN EUROPEA

Publicado en Atalayar.com el 18 de septiembre de 2020

https://atalayar.com/content/mali-paradoja-y-encrucijada-de-la-uni%C3%B3n-europea

Antecedentes

En el año 2012 una crisis sin precedentes estuvo a punto de hacer caer el gobierno de Mali en manos yihadistas. La reacción de Francia en primer lugar, con la puesta en marcha de la operación Serval y posteriormente de la comunidad internacional, frenó el avance de los islamistas, dando paso a un largo proceso de estabilización. Como respuesta a la crisis la Unión Europea desplegó una misión militar en territorio maliense con la tarea de adiestrar al ejército del país africano para dotarlo de las capacidades necesarias que lo convirtieran en un instrumento útil en la lucha contra el yihadismo. La operación, denominada EUTM (*European Union Training Mission in Mali*) ha cumplido ya más de siete años. Si bien la situación en lo que se refiere al avance del terrorismo yihadista en el país y en toda la zona del Sahel ha sufrido un deterioro, la misión, en términos globales puede considerarse un éxito, pues está alcanzando los objetivos marcados.

Pero durante el año 2020 la situación política se enrareció, debido principalmente a la situación económica y a la endémica corrupción, derivando en un golpe de Estado que derrocó al gobierno de Boubakar Keita.

El mismo ejército al que la UE había estado adiestrando y equipando derrocó al gobierno legítimamente elegido poniendo a la UE en lo que parecía una seria disyuntiva. Sin embargo, en una decisión cuando menos cuestionable la UE no ha ido más allá de varias declaraciones a favor de la democracia y la normalización de la situación y ha continuado con la operación EUTM, del mismo modo que Francia ha continuado con la operación Barkhane en el norte del país.

Los intereses en juego y el peligro que supone la expansión del yihadismo en la región del Sahel han pesado más que el fervor democrático y han sentado un precedente que en cualquier momento puede volverse en contra de la UE.

MALI, PARADOJA Y ENCRUCIJADA DE LA UNIÓN EUROPEA

Hace tan solo un par de años, en 2018, Ibrahim Boubacar Keita logró la reelección a la presidencia del gobierno de Mali obteniendo el 42% de los votos en la primera vuelta y el 67% en la segunda.

Pero desde ese momento, y hasta hace poco menos de un mes, el apoyo al presidente y su gestión fue bajando, tornándose en críticas al principio y descontento abierto más tarde, hasta desembocar en un estallido de protestas y manifestaciones fruto de la insatisfacción del pueblo maliense.

Este sentimiento no puede atribuirse a una única razón, sino que es el resultado de una serie de factores que han ido convergiendo hasta llegar a los hechos del 18 de agosto. Entre estos destaca la percepción por parte de la población de que la corrupción estaba alcanzando niveles insoportables al mismo tiempo que la crisis socioeconómica se hacía más profunda golpeando prácticamente todos los sectores (educación, sanidad, justicia…).

Paralelamente, la situación de inestabilidad e inseguridad en el centro y norte del país generada por la insurrección de 2012 y el arraigo posterior de grupos yihadistas afines tanto a Al Qaeda como al Daesh que no sólo combaten al gobierno, sino que en la actualidad lo hacen entre ellos, aumentando el sufrimiento de la población ayudó a incrementar la desafección hacia el gobierno.

Y como no, la anomalía y perjuicios a nivel social y económico que ha supuesto la pandemia causada por la COVID 19 ha sido otro factor determinante.

Las protestas que se desataron no estuvieron exentas de violencia, lo cual exaltaron aún más los ánimos y enrarecieron la situación. El movimiento opositor denominado M5-RFP[13], a comienzos de julio, llegó a llamar a la desobediencia civil para forzar la renuncia del presidente. Este hecho provocó otro estallido de violencia con acusaciones de actuaciones ilegales y ejecuciones sumarias por parte de elementos de las fuerzas de seguridad. La iniciativa no tuvo el resultado esperado, e incluso una de las cabezas visibles del movimiento opositor, el clérigo conservador Mahmoud Dicko, se manifestó contrario a la vía de la desobediencia civil adoptada por la mayor parte de la oposición. Llegando incluso, ante el incremento de los choques violentos, a pedir moderación.

Con la situación en ese punto, el pasado 18 de agosto, después de intensas semanas con manifestaciones y algaradas en la capital así como en otras ciudades relevantes, se produjo un golpe de estado que si bien en los confusos momentos iniciales no parecía haber tenido éxito,

---

[13] **M5-RFP**: Movimiento del 5 de junio - Unión de las Fuerzas patrióticas de Malí. Coalición heterogénea de jefes religiosos, políticos y sociedad civil liderados por el imán Mahmoud Dicko. Su principal motivación era la desafección hacia el gobierno debido al descontento con la gestión de la lucha contra la insurgencia y las acciones de los grupos yihadistas en el norte del país, la supuesta corrupción del gobierno y una economía en dificultades

los sublevados, en pocas horas, anunciaron que habían lograron retener al presidente Ibrahim Boubacar Keta al primer ministro Boubou Cisse, al jefe del Estado Mayor del ejército y otros miembros del gobierno, siendo todos trasladados a las instalaciones militares de Kati.

La principal razón esgrimida por los golpistas para justificar su acción se centraba en la situación de inseguridad y la falta de recursos del ejército, algo que si bien es totalmente cierto se antoja ligeramente peregrino como motivación para un paso tan grave y determinante. Eso sí, perfectamente explicable de cara al exterior y a la población por motivos que se expondrán más adelante.

Esa misma noche la situación comenzó a tomar forma y se confirmó definitivamente el triunfo del golpe cuando el presidente Keita anunció a través de un discurso televisado su dimisión, la disolución de la Asamblea Nacional y la dimisión del gobierno en pleno.

Como principal motivo de su renuncia expuso que cedía a las exigencias de los golpistas para evitar un baño de sangre, lamentando su fracaso a la hora de ejercer un control efectivo sobre las Fuerzas Armadas. Esta afirmación no deja de ser interesante, pues es un hecho que los sublevados no necesitaron efectuar ni un solo disparo para lograr su propósito y ninguna unidad de las FAM se opuso al golpe. Luego ese supuesto “baño de sangre” era algo utópico, y mucho más teniendo en cuenta como recibió la población la noticia del hecho en cuestión. Podría afirmarse que existía unanimidad tanto en la sociedad civil como en el estamento militar en el apoyo al golpe, si no connivencia y colaboración. De otro modo no se justifica la ausencia de enfrentamientos.

Al día siguiente, el 19 de agosto, los militares golpistas anunciaron la creación del ***Comité Nacional para la Salvación del Pueblo***. La finalidad de este órgano era asegurar la estabilidad del país y convocar elecciones libres y democráticas "en un plazo razonable", algo que en este tipo de situaciones la experiencia nos dicta que no deja de ser un eufemismo. Como portavoz de los rebeldes se presentó el coronel Ismael Wague, hasta el momento jefe adjunto del Estado Mayor del ejército del aire. Durante la declaración, y en un intento vano de evitar la condena y asegurarse el apoyo de la comunidad internacional, conscientes por supuesto de la importancia que tiene Mali y las operaciones que en su suelo se desarrollan para luchar contra el

---

[14] **MINUSMA:** Misión de Naciones Unidas para la Estabilización de Mali. Se trata de una operación de paz establecida por el Consejo de Seguridad de NNUU por resolución 2100 del 25 de abril de 2013 para estabilizar el país tras la rebelión de 2012. El objetivo establecido por el El Consejo de Seguridad es ayudar a las autoridades de transición malienses a estabilizar el país y aplicar la hoja de ruta para la transición. Posteriormente en la resolución 2164 del 25 de junio de 2014 el Consejo decidió por unanimidad que la Misión debía centrarse en:

Garantizar la seguridad, la estabilización del país y la protección de los civiles, el apoyo al diálogo nacional sobre política y reconciliación. prestar apoyo al restablecimiento de la autoridad del Estado en todo el país, colaborar en la reconstrucción del sector de la seguridad y la promoción y protección de los derechos humanos.

yihadismo, el coronel recalcó que todos los acuerdos pasados serían respetados, y que por lo tanto la misión de la ONU MINUSMA[14], la fuerza francesa de la Operación Barkhane[15], el G5 Sahel y la fuerza especial Takuba, continuaban funcionando y asegurando que se mantenía íntegro el acuerdo de Argel firmado en 2015 entre el gobierno de Bamako y los grupos armados del norte del país.

Como cabeza visible del citado Comité Nacional para la Salvación del Pueblo se presentó el coronel del ejército de Mali AssimiGoita.

Como puede observarse, llama la atención que en ningún momento se hiciera referencia al movimiento opositor que hasta pocas fechas antes había estado manifestándose en contra del gobierno o que este hubiera tenido parte activa de un modo u otro en el golpe. Al igual es significativa la ausencia de menciones o de protagonismo del carismático e influyente Mamaoud Dicko. Sólo horas después, IssaKaouN'Djim, responsable de coordinar las organizaciones y movimientos afines al clérigo reconoció que se habían mantenido contactos con los golpistas y que a priori compartían sus reivindicaciones.

---

[15] **OP BARKHANE:** Operación llevada a cabo en el Sahel, especialmente en el norte de Mali por las Fuerzas Armadas Francesas y de países aliados de la región que tienen como objetivo luchar contra el terrorismo y contra grupos insurgentes en la región del Sahel. Lanzada en 1 de agosto de 2014, es continuación de la Operación Serval. Aún permanece activa.

Actualmente hay muchas cuestiones en el aire en lo que se refiere a la situación en que queda Mali después del golpe de estado. Pero lo más preocupante es que por su importancia geoestratégica actual y por constituir la pieza clave en la lucha que mantiene la Unión Europea contra el terrorismo yihadista y su expansión hacia África Occidental, la incertidumbre es mucho mayor en lo tocante al papel que debe jugar la UE.

La primera pregunta que asalta a cualquier observador es: ¿Cómo es posible que en un país donde hay varias misiones internacionales lideradas por diferentes organismos, unidades militares de varios países africanos y de prácticamente todos los miembros de la UE e incluso de EEUU, así como agencias de inteligencia de todo tipo absolutamente nadie advirtiera que se preparaba un movimiento de la importancia y magnitud que supone un golpe de estado? Teniendo Mali la importancia que tiene como se ha señalado anteriormente, esta pregunta cobra aún más relevancia. Y mucho más teniendo en cuenta que el golpe triunfó en sólo unas horas y sin enfrentamiento armado alguno, lo cual denota que los rebeldes conocían perfectamente el apoyo que tenían y que debían hacer. Es decir, no fue algo que pueda considerarse improvisado de ninguna de las maneras.

No es objeto de este trabajo responder a esta pregunta, pero al menos, queda de relieve que como poco hubo serios fallos de inteligencia.

Por otro lado, es un hecho que el golpe ha sido bien acogido por el pueblo maliense.

La explicación a esto se encuentra en la profunda insatisfacción que recorría todo el país por la situación que estaba atravesando. Recogido en los resultados de varias encuestas llevadas a cabo por el Afro-Barómetro,se apreciaba una total desafección hacia la clase política, a la que se consideraba poco fiable y corrupta, al mismo tiempo que la percepción de que el país no llevaba un rumbo adecuado.

Lo más interesante lo encontramos cuando el mismo estudio pone de relieve que los mayores índices de confianza se otorgan a las Fuerzas Armadas y a los líderes tradicionales. Así pues, al mismo tiempo que la falta de confianza en un gobierno electo y el hastío por lo que consideran una gestión nefasta han crecido exponencialmente, una mayoría de malienses parece haber visto el golpe de estado del 8 de agosto como la mejor forma de romper una espiral descendente.

Pero, esto no puede ser interpretado de un modo simplista, pues a pesar de ese apoyo al golpe y a un gobierno dirigido por los militares a corto plazo, la población de Mali rechaza de plano la dictadura militar como forma de gobierno permanente.

Los datos mostrados por el estudio son inapelables. El 74% de los encuestados afirman que la corrupción ha aumentado durante el último año, al mismo tiempo que ocho de cada diez definen la situación económica del país como mala o muy mala. Un 82% muestran su confianza en las fuerzas armadas mientras que el 47% dice confiar en el presidente Keita. Así mismo, durante los últimos años, la opinión sobre los uniformados ha ido mejorando de un modo creciente, llegando una mayoría de los habitantes del país a considerar que su ejército ejerce bien su labor de proteger al país de amenazas tanto internas como externas. Y un dato muy significativo: casi un 70% considera que estos actúan de forma profesional y que respetan los derechos del resto de ciudadanos.

Una de las principales explicaciones que se puede ofrecer para esta evolución de la percepción de las Fuerzas Armadas se encuentra principalmente en la misión EUTM-MALI. Después de años de ocupación en Irak y tras los primeros compases de las diferentes misiones en Afganistán, las organizaciones que lideraban dichas misiones comenzaron a adoptar un modelo diferente de operar. Dicho modelo se puso en marcha ya en 2004 en Irak, pero se ha ido mejorando y perfeccionando, y consiste principalmente en transformar lo que hasta entonces eran intervenciones directas en los conflictos en misiones de apoyo y principalmente de formación de las fuerzas armadas de los países en los que se había de intervenir por un motivo u otro. De esa forma se evitaban, como no, las bajas propias, o al menos se minimizaban, pero al mismo tiempo se entregaba la responsabilidad de resolver sus problemas a las fuerzas del propio país, sembrando las condiciones para actuar frente a futuras amenazas y lo que es más importante, otorgándoles protagonismo en las operaciones y en la resolución del conflicto, aumentando de ese modo la confianza de la población en sus ejércitos y la imagen de sus componentes, que por lo general, en los teatros a los que nos referimos no era precisamente la mejor ante el pueblo al que debían servir.

Este modelo se ha convertido en un modelo de éxito, y se ha implantado en Irak, en Somalia y en el caso que nos ocupa, en Mali, donde los datos de la encuesta mencionada no dejan lugar a dudas.

Pero, en este país africano, la combinación de un gobierno percibido como corrupto, acusado de llegar a pactos con los yihadistas que el propio ejército combate en el norte, con una situación económica límite junto con una exitosa misión auspiciada por la Unión Europea que ha elevado la confianza en las Fuerzas Armadas y su imagen de profesionalidad, ha propiciado que ante esa "desesperación" general la población haya dirigido su mirada hacia los militares como los únicos en los que confía para sacar al país del pozo en el que está sumido.

Y esta es la gran paradoja, sin buscarlo y sin pretenderlo, el éxito de la misión de la UE la ha puesto en una situación casi imposible, pues ha sentado las bases para un golpe de estado cuyo éxito dificulta, si no imposibilita la continuidad de la mencionada misión, pues continuar como si nada hubiera ocurrido significaría dar carta de naturaleza a un gobierno surgido por medios no democráticos, sentando un precedente muy peligroso.

Si se quiere buscar un fallo en la actuación de la UE en Mali tal vez podría encontrarse en no haber impulsado más las medidas para lograr una mejora en la gobernanza logrando que la confianza de los malienses en sus instituciones alcanzara al menos el mismo nivel que el que tienen en su ejército en el momento actual.

Pero no podemos llevarnos a error. Ese apoyo y confianza en sus fuerzas armadas no es una carta blanca. Pues como se ha señalado, a pesar de todo, el pueblo maliense tiene un acendrado sentido democrático, y las mismas encuestas demuestran un fuerte apoyo hacia las prácticas e instituciones democráticas. Y a pesar de que la combinación de un sentimiento de hartazgo junto con la confianza en las fuerzas armadas ha hecho que el golpe del 18 de agosto sea visto con buenos ojos por la mayoría de la población, esa misma mayoría continúa apoyando el sistema democrático.

La sublevación militar puede ser entendida como una solución temporal o como el mal menor, pero siempre y cuando tenga fecha de caducidad. Es una solución inmediata, pero el rechazo a una dictadura militar prolongada como solución a los problemas del país es también un hecho. Por ello ese apoyo debe entenderse como algo temporal que sólo será tolerado si los militares ahora en el poder cumplen sus promesas de una rápida transición y restauración de la democracia.

Es ahí donde la UE tiene su oportunidad de presionar e influir para ganar el apoyo y la confianza del pueblo en las instituciones, aprovechando esa deseable transición para introducir mejoras en la gobernanza del mismo modo en que ha sido capaz de hacerlo en el ejército.

Si eso no sucede, si los que ahora se han hecho con el poder dilatan más de lo debido los pasos que lleven a Mali de vuelta a la senda democrática el descontento volverá a aflorar, sólo que ahora habrá que sumarle la frustración por las esperanzas perdidas, y ello puede ser fatal, llevando en el peor de los casos al país a una guerra civil e incluso a un Estado fallido. Hemos visto en un pasado no muy lejano situaciones muy similares y se conoce muy bien el resultado. Solo que en esta ocasión estamos hablando de la pieza clave en la contención del yihadismo. Y se puede tener por seguro que hay muchos interesados en que sea precisamente eso lo que ocurra.

Corolario

Actualmente la situación política en Mali parece estabilizada pero estancada. El Consejo Nacional para la Transición está dando pasos per más lentamente de lo esperado y deseable. El número dos del golpe ha sido elegido presidente de este y ha de hacer frente a contratiempos como el fallo del Tribunal Constitucional en contra de varios artículos del documento que regula el llamado Parlamento de Transición.

En las últimas semanas el movimiento M5-RFP ha cargado contra las autoridades de transición y ha anunciado el reinicio de sus actividades y movilizaciones. Las autoridades han reaccionado imputando a varias personas por un supuesto intento de desestabilización contra las autoridades de transición.

Como puede observarse, el peor de los escenarios parece ir materializándose poco a poco. El crédito de tiempo que tienen las autoridades de transición cada vez es menor, y esto se ve agravado por el empeoramiento cada vez más rápido de la situación de seguridad en el norte y centro del país, con unos grupos yihadistas cada vez más activos. Cualquier evolución negativa afectará indudablemente a la

Unión Europea y a su decisión de mantener el apoyo a un gobierno emergido de un golpe de Estado.

3. Próximo Oriente

Oriente medio. Análisis de un escenario incierto

El papel de irán en Próximo Oriente (I)

El papel de Irán en Próximo Oriente (II)

Un nuevo horizonte para Próximo Oriente

ORIENTE MEDIO. ANÁLISIS DE UN ESCENARIO INCIERTO

Publicado en Atalayar nº20

https://atalayar.com/blog/oriente-medio-un-escenario-incierto

Antecedentes

En enero de 2020, la noticia de la muerte del general iraní Qassem Suleimani mediante un ataque con aviones no tripulados a cargo de EE. UU. conmocionó al mundo.

Golpear de esa forma al régimen iraní fue considerado en su momento una auténtica temeridad, y no pocos creyeron que esta acción desembocaría en un conflicto armado a gran escala entre Irán y EE. UU. en la región.

El ataque fue el colofón a unas semanas de gran tensión durante las cuales la escena política iraquí adquirió unos tintes de inestabilidad que ya parecían lejanos, situación que Irán, a través de sus milicias, trató de aprovechar, llegando estas incluso a tratar de asaltar la embajada de EE. UU. en Bagdad. Este hecho provocó que la noche del 31 de diciembre Estados Unidos llevara a cabo un despliegue de tropas sin precedentes movilizando a una brigada aerotransportada desde su territorio nacional hasta Irak en poco más de 24 horas.

La calma no había terminado de llegar por completo a las calles de la capital iraquí cuando en la noche del 3 de enero varios misiles impactaron en la comitiva que trasladaba al general Suleimani junto con varios líderes de milicias chiitas hacia el aeropuerto de Bagdad.

El ataque fue fruto de una compleja operación de inteligencia que llevaba tiempo controlando los movimientos del líder iraní y se realizó sin informar previamente a las autoridades iraquíes, lo cual generó un profundo malestar en estas.

ORIENTE MEDIO. ANÁLISIS DE UN ESCENARIO INCIERTO

Pasados unos días de los ataques que han sacudido a todo Oriente Medio y prácticamente al mundo entero, es buen momento para realizar un primer análisis de lo sucedido y los posibles escenarios que pueden plantearse a partir de este momento.

En primer lugar, hay que tener claro que lo sucedido se enmarca en la espiral de movimientos estratégicos que potencias locales y externas están llevando a cabo en las últimas semanas en la que hoy es la zona más volátil del mundo y donde se está decidiendo el nuevo balance de poder mundial.

Dos de esos actores son EE. UU. e Irán. No es objeto de este documento analizar las acciones previas de ambos hasta llegar al punto en que nos encontramos, pero a nadie se le escapa que la pugna que sostienen es muy prolongada en el tiempo y que hasta el momento se ha venido desarrollando en terreno ajeno. El último campo de juego es Irak, lugar donde Irán ha sido quien ha decidido confrontar a su enemigo en una sucesión de acciones en las que ninguno de ambos contendientes ha medido bien el alcance de sus acciones, o tal vez sí.

El hecho más notorio por su simbolismo ha sido la muerte del carismático general iraní Qassem Suleimani[16], líder de la fuerza de élite Quds[17] de la Guardia Revolucionaria y

---

[16]**QASSEM SOLEIMANI:** Nacido el 11 de marzo de 1957. General de división iraní. Durante la guerra entre Irán e Irak, fue en comandante de la 2ª División de la Guardia Revolucionaria Islámica en la Provincia de Kerman.Nombrado comandante de la Fuerza al Quds a finales de 1997 y por lo tanto responsable de las milicias chiitas proiraníes. Fue ascendido a general de División en 2011. Las milicias bajo su mando entre las que se encontraba Hezbollah participaron en la guerra de Siria apoyando a las fuerzas del presidente Al Assad y fueron pieza clave en la lucha contra el Daesh en Irak.

[17]**FUERZA AL QUDS:**Unidad de la Guardia Revolucionaria Islámica de Irán especializada en guerra no convencional y operaciones de inteligencia militar. Es la responsable de llevar a cabo operaciones en el exterior. La Fuerza al Quds apoya a actores no estatales y milicias de diversos países, como en Libano a Hezbollah, Hamas y la Jihad en Palestina, los hutíes de Yemen, y los milicianos chiíes en Iraq, Siria y Afganistán. Fue creada durante la Guerra Irán-Irak como una unidad especial de la Guardia Revolucionaria Islámica con la misión de liberar las tierras que consideran como musulmanas. Tras la finalización del conflicto constituyeron como unidad para operar, principalmente, en el extranjero.
Actualmente se estima que su número de efectivos oscila entre los 7000 y los 10.000 miembros. La Fuerza Quds reporta directamente al Líder Supremo de Irán,

verdadero artífice de la creación y expansión de toda una serie de grupos y milicias a imagen y semejanza de Hezbollah[18]. Esta acción ha recibido todo tipo de críticas, siendo considerada como desproporcionada y una irresponsabilidad por las consecuencias que puede acarrear la respuesta de Irán.

Pero sin entrar a recorrer todo el camino que nos ha llevado a este punto, es preceptivo repasar los últimos acontecimientos y los posibles escenarios que se nos presentan.

El detonante de lo sucedido fue el ataque a la base denominada K1 situada a 15 kilómetros al noroeste de la ciudad de Kirkuk. Durante el mismo, más de una treintena de cohetes fueron lanzados contra las instalaciones donde se alojaba personal estadounidense, iraquí y tropas de la coalición que desde 2014 lucha contra el Daesh. Las consecuencias fueron un estadounidense muerto y varios heridos entre iraquíes y americanos. Ataques similares a éste ya se venían sucediendo en todo el país durante los últimos meses, siendo atribuidos a grupos chiíes vinculados a Irán.

Todo ello se ha desarrollado en el marco de las protestas que estallaron en Bagdad y en las principales ciudades del país, exigiendo un cambio en la forma de gobierno y en las élites

---

Ayatolá Jamenei.

[18]**HEZBOLLAH:** Organización islámica musulmana chií libanesa que cuenta con un brazo político y otro paramilitar. Fundada en el Líbano en 1982 como respuesta a la intervención israelí. Fue creada, entrenada y organizada las fuerzas al Quds. Desde su creación Hezbolá recibe equipamiento, armamento, adiestramiento y apoyo financiero de Irán. Su máximo líder es el jeque Hasan Nasrallah.

que desde la caída de Sadam Hussein han ocupado los puestos de poder. Caben pocas dudas de que la mano de Irán a través de las milicias creadas por Suleimani está detrás de estas protestas, o como poco está usando éstas para los intereses de la potencia persa. En concreto, EE. UU. acusó a la milicia Kataib Hezbollah de ser la autora material del lanzamiento de los cohetes.

La certeza por parte de EE. UU. de esta responsabilidad, le llevó a responder atacando cinco enclaves de la citada milicia y causándoles al menos 29 bajas. Esta respuesta tuvo su contrarréplica en las calles de Bagdad, llevando a una multitud frente a la embajada de Estados Unidos y llegando a producirse un intento de asalto de esta, lo que elevó la tensión a niveles máximos y al envío de refuerzos del USMC (*United States Marine Corps*) para incrementar la seguridad de las instalaciones.

En este punto es importante hacer dos consideraciones: La primera es que durante el episodio relatado, los manifestantes no portaban banderas iraquíes. Es decir, no era una reacción de la población iraquí por la actuación de los norteamericanos. Por el contrario, todas las banderas y símbolos que portaban pertenecían a la milicia Kataib Hezbollah o a otras milicias chiíes afines. La segunda consideración es que la etapa convulsa que ha estado viviendo Irak en los últimos meses con protestas a lo largo de todo el país estaba motivada por el rechazo de la población a los intentos de interferencia iraní en el sistema político de Irak. En cambio, en una jugada magistral, se ha logrado que tras el ataque que costó la vida al contratista norteamericano, todas esas protestas hayan dirigido su rabia hacia la tutela efectiva de EE. UU. sobre Irak. Cada cual que saque sus propias conclusiones, pero tengamos muy presente que en este "juego" nada sucede por casualidad y "ni los buenos son tan buenos, ni los malos son tan malos".

Evidentemente intentar asaltar la embajada, penetrar en la misma y llegar hasta la zona de espera de las visitas recordó a muchas imágenes de épocas pasadas. Y desde luego puso al descubierto las cartas del régimen iraní y la hoja de ruta diseñada por el ya difunto Suleimani.

Hasta ahora solo se ha hecho referencia a hechos objetivos. Pero es el momento de adentrarse en el terreno del análisis. Tanto de los hechos posteriores como de lo que puede implicar.

Ante el desafío claro y evidente por parte del régimen de Irán a los intereses de EE. UU. y su ya declarado posicionamiento en los conflictos de Siria y Libia, el asalto a la embajada activó una respuesta que, a pesar de lo que pueda pensarse, no fue algo ni impulsivo ni fruto de la improvisación. Es cierto que un objetivo de alto valor como era Suleimani se supone que debería ser mucho más difícil de localizar y neutralizar, pero si algo caracterizaba al general iraní era su carisma, su prestigio de líder, forjado en el campo de batalla y demostrado, dejándose ver allá donde sus hombres actuaban, a menudo en primera línea y con cierto aire de impunidad. Por ello, la oportunidad no tardó mucho en presentarse. Pero lo que indica claramente que esta respuesta era algo ya planeado y preparado para llevar a cabo en caso de ser necesario es que el objetivo no sólo era Qassem. En el mismo ataque se abatió a Abu Mahdial Muhandis[19], su hombre fuerte en Irak, y sólo 24 horas después, un convoy de líderes de la milicia Hashid Shaabi sufrió otro ataque que al menos les causó seis bajas.

Esto nos demuestra que la intención de EE. UU. no sólo era eliminar al general iraní. La operación evidentemente iba mucho más allá y tenía como objetivo eliminar a cuantos líderes de esas milicias chiíes fuera posible, en un intento de golpear duramente todo el entramado tejido por Suleimani. Si las acciones continuarán o proseguirán más allá es una incógnita. Aunque lo más probable es que haya una segunda fase lista para ser puesta en marcha en caso de que la respuesta iraní sea llevada a cabo por las diferentes milicias. Y el objetivo más simbólico de esa lista es sin duda el jeque Nasralla. De lo que haga Hezbollah dependerá su futuro más

[19]**ABU MAHDI AL MUHANDIS**: comandante militar iraquí que líder de la alianza paramilitar iraquí Fuerzas de Movilización Popular. Relacionado con la Guardia Revolucionaria iraní en su lucha contra el régimen de Sadam Husein, fue condenado a muerte como autor de los ataques contra las embajadas de Estados Unidos y Francia en Kuwait en represalia por su apoyo a Irak en la guerra Irán-Irak. Era el líder de la organización Kataib Hezbollah (Brigadas Hezbolá). Desde 2009 EE. UU. lo mantenía incluido en su lista oficial de terroristas.

próximo. Y justo este es el tema candente: la respuesta del régimen de los Ayatollah. Multitud de voces se han levantado después del ataque contra Qassem Suleimani clamando la irresponsabilidad de una acción de tales características ante la posible respuesta que pueda generar.

Del mismo modo que ni los objetivos ni las acciones conducidas por EE. UU. han sido algo improvisado, tampoco se han dejado al azar las posibles consecuencias de estas. Todos los posibles escenarios han sido estudiados, así como la reacción ante cada uno de ellos. Y a pesar de que los movimientos políticos de los dos últimos días en Irak parecen ir en sentido contrario, el objetivo es mantener la posición en Irak y desactivar la influencia que está ejerciendo de un modo creciente Irán a través de sus proxies. Además, el momento ha coincidido con importantes protestas surgidas en Irán, reprimidas duramente precisamente por el general fallecido. En este tipo de asuntos las coincidencias no son lo habitual. Todo sucede según un plan previsto.

El mayor riesgo que se ha asumido a la hora de eliminar al líder natural de todas las milicias que actúan tanto en Irak como en Libano, Siria, Libia, etc es la pérdida de control de estas. Un general con el carisma de Suleimani las dirigía y controlaba sin fisura alguna. Él era quien dirigía la estrategia y coordinaba las acciones. Su desaparición puede llevar a una pérdida de ese control y que alguna decida actuar por su cuenta o, bien que quien tome su lugar no goce ni de su carisma ni de su visión sobre cómo llevar a cabo sus propósitos, tomando una senda más beligerante o violenta. Este no parece ser el caso, ya que ha sido su lugarteniente el que ha ocupado su lugar, y su perfil no encaja en ese tipo.

Pero volviendo al capítulo de la respuesta iraní. ¿Qué opciones se presentan? Varias son las que diferentes analistas y expertos han apuntado, y alguna de ellas plantea un contexto novedoso e interesante.

Por un lado, existe la opción de una posible respuesta convencional. Esta, en todo caso, consistiría en un ataque contra objetivos o interese norteamericanos en la región. Descartado el empleo de la Fuerza Aérea por lo que ello implica de necesidad de inteligencia, planificación, medios, apoyo sobre el terreno para designar objetivos y el elevado riesgo de pérdidas propias, sólo quedan dos opciones: un ataque con misiles o varios ataques coordinados de las milicias comandadas por el general abatido, bien mediante elementos suicidas o bien mediante el lanzamiento de cohetes contra los objetivos. Esta opción es factible, pero de nuevo supone la implicación de personal sobre el terreno y el riesgo de enfrentamiento con las Fuerzas de Seguridad iraquíes, que no pueden permitir que una milicia afín a un país extranjero campe y opere a sus anchas por su territorio, lo cual terminaría por ser contraproducente para los intereses de Irán en su país vecino.

Otra opción que puede plantearse es la de ataques terroristas contra instalaciones de EE. UU. fuera de Irak. Esta sería una respuesta de bajo nivel o complementaria a otro tipo de acciones, y no estaría a la altura de la proclamada "venganza" deseada.

Golpear a unidades de la flota de EE. UU. en el Golfo Pérsico supondría una escalada demasiado arriesgada para Irán. Las implicaciones de un conflicto que derive en un posible cierre del estrecho de Ormuz o una subida desproporcionada del precio del crudo por la disminución en el abastecimiento acabarían por volverse en contra de Irán y pondría en su contra a actores que hasta el momento, o se han mantenido al margen, o han condenado la acción de Estados Unidos.

Y, por último, el más interesante de todos y del que se ha hablado con frecuencia en ciertos círculos de las redes sociales es el de un ataque cibernético.

Una acción de estas características puede llegar a ser más devastadora que un ataque convencional. Pero tiene varios problemas, tanto para el que la lleva a cabo como para el que la sufre. Y si se materializara nos situaría en un escenario hasta el momento desconocido.

Para el atacante, el principal problema es el control de dicho tipo de ataque. No es nada fácil diseñar un arma informática que sólo afecte a uno a unos objetivos concretos, y el riesgo de que se acaben produciendo daños colaterales masivos es muy grande. Tanto o más como de que, una vez lanzado el ataque, éste acabe afectando al propio atacante. La red es global y una vez lanzada el "arma cibernética" se pierde el control absoluto sobre ella. Sólo hay que imaginar las consecuencias de un ataque contra la red de suministro eléctrico o de abastecimiento de agua de una o varias ciudades. El caos que provocaría podría ser de proporciones inimaginables.

Pero para el que recibe el ataque, aparte de las consecuencias de este, los problemas no son menores. En primer lugar, por la dificultad de atribuir con certeza la autoría de este. Es muy difícil señalar a un país en concreto como responsable de una acción de estas características. Las formas de enmascarar su procedencia son casi infinitas.

Pero en el caso de que se llegara a identificar al autor, se presenta un problema no menor. Actualmente no existe un marco legal específico que regule las acciones bélicas en el ciberespacio. Se está aplicando una normativa pensada para conflictos convencionales a un dominio totalmente nuevo y con unas características diferentes. Lo más aproximado a una legislación internacional específica al respecto es el conocido como "Manual de Tallin sobre la Normativa Internacional aplicable a la Ciberguerra", desarrollado por el Centro de Excelencia y Cooperación de Ciberdefensa de la OTAN.

Así pues, hoy en día sería aplicable el “Ius in Bellum”, los principios de derecho internacional humanitario que regulan los conflictos armados que marcan la Distinción, la Proporcionalidad, la Necesidad Militar y la Humanidad como principios básicos aplicables a cualquier conflicto. Lo interesante es conocer cómo se aplica esa normativa en el dominio cibernético.

¿Qué acción llevada a cabo por Irán en ese dominio podría ser considerada “casus belli”?

¿Cómo podría, en caso de plantearse esa situación responder a su vez EE. UU.? ¿Sería admisible desde el punto de vista una respuesta convencional a un ataque cibernético?

Como puede observarse, en sólo unos días no sólo se ha puesto en juego la estabilidad de toda la región de Oriente Medio, sino que se están abriendo unos escenarios ignotos hasta el momento y que van a cambiar por completo los conflictos tal y como hasta ahora los hemos conocido.

Habrá que estar muy atentos a los acontecimientos.

Corolario

A pesar de los indicadores y los temores iniciales el régimen de los Ayatollah no llevó a cabo ninguna acción de represalia por la muerte del general Suleimani.

El derribo accidental de un avión de pasajeros perteneciente a Ukraine Airline International por una batería de misiles antiaéreos TOR M1 poco después de despegar del aeropuerto de Teherán el 8 de enero de 2020 pudo ser determinante.

A pesar de que en los primeros momentos Irán trató de achacar la tragedia a un fallo técnico del avión pronto se descubrió que una unidad de defensa antiaérea disparó dos misiles contra el avión al confundirlo con un misil de crucero. El incidente no sólo puso a Irán en una situación muy comprometida haciendo inviable cualquier acción violenta como respuesta a la muerte del general Suleimani, sino que reveló graves fallos en el sistema de mando y control de su estructura de defensa aérea.

Cuando se cumple un año del ataque contra el jefe de la fuerza al Quds puede afirmarse que esta acción no sólo fue un éxito en lo que se refiere a la ejecución de esta, sino que lo fue en términos sicológicos, pues desde ese momento los líderes de las milicias chiitas han reducido su actividad por temor a seguir los pasos del que fuera su jefe. Del mismo modo, lo ha sido al demostrar el poco margen de maniobra que tiene Irán para responder a este tipo de acciones, limitándose en esta ocasión a soflamas o amenazas más dirigidas a consumo interno.

Durante el último año la posición de Irán en Próximo Oriente se ha ido debilitando, y si bien es cierto que continua con un profundo desarrollo de sus capacidades militares también lo es que sus opciones de acción se reducen cada vez más, limitándose en la práctica al empleo de sus milicias como proxies.

Cualquier acción armada convencional contra cualquiera de sus vecinos o contra Israel o EE. UU. desataría un conflicto que implicaría a todos los países de la región y casi con toda probabilidad a varias potencias externas, y actualmente Irán no tiene capacidad para enfrentar la situación que se crearía. Por otro lado, la oposición interna cada vez es mayor y cobra más fuerza, a lo que hay que añadir los recientes acuerdos de Abraham que en la práctica aíslan al régimen de los ayatollah dejándoles solo con el apoyo de Siria.

Un año después de los acontecimientos relatados en el artículo puede afirmarse que los temidos efectos de la muerte de Suleimani no sólo no se materializaron, sino que ha quedado demostrado que hoy la capacidad de reacción de Irán se limita al empleo de sus milicias, precisamente las que comandaba el difunto general, y que no es previsible ningún paso hacia un enfrentamiento directo ni con EE. UU. ni con cualquiera de las otras potencias regionales.

EL PAPEL DE IRAN EN PROXIMO ORIENTE (I)

Publicado en Atalayar 01 de mayo de 2020
https://atalayar.com/content/el-papel-de-ir%C3%A1n-en-oriente-pr%C3%B3ximo-i

Antecedentes

El trabajo anterior, referido al ataque que terminó con la vida del general Suleimani puso de relieve no sólo algo tan obvio como el papel relevante de Irán en la región de Próximo Oriente, sino como la evolución en su proceder en el marco de las relaciones internacionales desde la llegada al poder de Jomeini tras la "Revolución de los Ayatollah" ha condicionado en gran medida la política exterior de EEUU y ha tenido serias repercusiones a nivel global.

El resultado de esta reflexión fueron dos trabajos en los que se trata de arrojar luz sobre la influencia de Irán en la región y cómo ha tratado de ejercer y ampliar está apoyándose principalmente en las milicias afines a las que utiliza como proxies. Del mismo modo se pone de manifiesto que el gran problema que subyace en la región es el que arrastra el mundo musulmán desde la muerte del profeta: la lucha por la supremacía entre chiitas y sunnitas, teniendo como principales actores en la zona a Irán y a Arabia Saudí.

El colofón a estos dos trabajos fue una conferencia impartida de la mano de Atalayar en la Universidad Europea de Madrid en febrero de 2020.

EL PAPEL DE IRÁN EN PRÓXIMO ORIENTE

Los últimos acontecimientos en Oriente Próximo y el enfrentamiento abierto entre Estados Unidos e Irán, librado sobre suelo iraquí, han puesto de relieve una realidad que hasta ahora, si bien era conocida, no había recibido la atención que merece, mostrando la realidad sobre el complicado "juego" de intereses en dicha región y dejando patente una vez más que elementos que hoy algunos se esfuerzan en proclamar como novedosos, enmarcándolos en conceptos como "la guerra híbrida"[20] el cual por cierto comienza a ser abandonado para hablar de "*conflictos en la zona gris*", no lo son tanto. Y no sólo eso, sino que actores que podría pensarse que están menos avanzados, llevan décadas empleándolos, en ocasiones como verdaderos maestros de estos.

1.1.1 [20] **GUERRA HÍBRIDA: Conflicto bélico, asimétrico, en el que juega un papel determinante el enfrentamiento en todos los dominios simultáneamente, aéreo, terrestre, marítimo, ciber y cognitivo.**

1.1.2 **La principal característica de la guerra híbrida parece ser la explotación de un conflicto social latente hasta convertirlo en una guerra asimétrica de rápida resolución con una intervención militar desde el propio territorio y cuya autoría no quede patente desde el primer momento.**

Es interesante pararse un momento, echar la vista atrás y reflexionar. Pues sólo desde el conocimiento de los hechos pasados puede entenderse dónde estamos y, por el camino, tal vez haya quien consiga separar el polvo de la paja y recuperar una visión más objetiva.

Desde la revolución de los ayatolás en 1979 y la proclamación de la República Islámica de Irán, este país, dentro de sus esfuerzos por erigirse en potencia regional y por ocupar un lugar relevante en el mundo musulmán, predominantemente sunní, ha incitado y promovido la creación de grupos a lo largo de todo Oriente Medio que han actuado a modo de "*proxies*", tanto en el plano político como el militar, para influir en la política regional e internacional a favor de sus intereses. Estos grupos, en la mayoría de las ocasiones, han derivado en milicias que han adquirido la relevancia suficiente como para considerarlos en algunos casos como actores no estatales, pero casi con la misma capacidad de influencia que los propios estados de la zona.

Este modo de actuar se ha vuelto mucho más relevante con la invasión de Iraq y la caída del régimen de Sadam Hussein en 2003. El desmoronamiento del estado iraquí y la situación de caos tras la invasión presentaron para Irán un escenario más que favorable, pues significó la desaparición de uno de sus principales competidores en la región y la oportunidad perfecta para desplegar toda su influencia dentro del territorio iraquí.

En los últimos años, debido a los conflictos de Siria y Libia con la aparición del Daesh y el establecimiento del “Califato”tanto en territorio sirio como iraquí, hala situación le volvió a ser favorable para tomar fuerza de nuevo en Irak con la excusa de la lucha contra el Daesh, convirtiéndose en la principal herramienta del régimen iraní para avanzar en la consecución de sus objetivos regionales.

Tradicionalmente, occidente en general y especialmente desde los ataques del 11S, ha dirigido su preocupación hacia los grupos yihadistas de corte sunita como Al Qaeda y el Daesh, con la excepción de Hezbollah, cuya presencia y actividad en el Líbano sí que han sido motivo de constante preocupación y atención.

Numerosos conflictos han sufrido la intervención de estos “proxies” iraníes, y los esfuerzos del gobierno de Teherán por reclutar voluntarios que nutran las filas de sus milicias, no siempre con el mismo éxito, no han cesado desde finales de la década de los 70. Como era de esperar, esta actitud no ha pasado desapercibida para los competidores regionales de Irán, desde Israel a Arabia Saudí pasando por Abu Dhabi. El resultado no es otro que la situación que se presenta hoy día, resultado de una preocupante tenencia que ha ido elevando y materializando el riesgo de entrar en un círculo vicioso de acciones y réplicas en el cual el sectarismo violento seha convertido en un elemento fundamental en manos de diversos estados en su intento por conseguir sus objetivos y ambiciones geopolíticas.

El origen de este "*modus operandi*" lo podemos remontar a los primeros años de existencia de la República Islámica de Irán y a su fundador, el ayatolá Jomeini, que fue quien desarrolló la faceta del sectarismo en la búsqueda de Teherán por lograr verdadera influencia geopolítica en la zona. Y la forma en cómo inició esta senda fue incitando a las comunidades chiitas de Irak a alzarse contra el partido de corte sunnita Baaz[21] y su líder y hombre fuerte del país, Sadam Hussein. Todo ello, a pesar de que durante más de una década el flamante ayatolá iraní había disfrutado de la hospitalidad iraquí con la condescendencia de Sadam Hussein en su exilio en la ciudad de Najaf.

21PARTIDO BAAZ :Partido del Renacimiento Árabe Socialista (Baaz significa renacimiento o resurrección en árabe) es fundado en 1947 como un partido político nacionalista árabe, laico y militante del socialismo árabe.

El Partido Baaz no se limitaba a un solo país, sino que funcionaba como un partido panárabe con ramas en diferentes países árabes buscando siempre la unidad de todos los pueblos árabes en una sola frontera, pero era más fuerte en Siria e Irak, logrando asumir el poder en ambos países en 1963.

En febrero de 1966 los partidos Baaz sirio e iraquí se enfrentaron y a partir de ese momento actuaron de forma independiente uno del otro. Ambos partidos mantuvieron el mismo nombre y estructuras paralelas. En Irak perdió el poder tras el derrocamiento de Sadam Hussein pero sigue gobernando en Siria bajo el mando del presidente Bashar Al-Assad

El nacionalismo árabe o el panarabismo siempre se han caracterizado por una tendencia intrínseca de rechazo a la corriente chiita, y esto ofreció la oportunidad perfecta para el nuevo líder iraní. Ya en 1971, Jomeini expuso sus ideas para un "gobierno islámico", ideas que plasmó en un libro. En su noción de este, predominaba la idea de que este debía de ser transnacional, teniendo a todas las comunidades chiitas como integrantes principales.

Una característica definitoria de la visión de Jomeini es que religión y política son dos realidades inseparables, algo que se contradice con la tradición chiita que siempre aconsejó mantener una saludable distancia entre el poder político y el religioso.

Aun así, esta nueva interpretación radical de la religión yla intromisión de postulados religiosos en la política tuvieron consecuencias directas para el país. De hecho, la incitación de Joemeini a alzarse contra el poder de Sadam Hussein fue uno de los factores clave que llevó a la invasión del país persa por parte de Irak en 1980.

Sólo dos años después de la caída del Sha el nuevo régimen iraní puso en marcha la Oficina para los Movimientos Islámicos de Liberación, bajo el paraguas de la Guardia Republicana y con la misión de exportar el modelo de revolución iraní. Y en 1982, con la ayuda de Teherán, surgieron las milicias Badranti Sadam en Irak y Hezbollah en el Líbano, ambas conformadas por islamistas de corte chiita imbuidos de la doctrina inspirada por Jomeini de acabar con toda resistencia política. Actualmente ambos grupos son los proxies chiitas proiraníes más eficaces y potentes.

Durante esa década elementos inspirados en la política radical de Irán emergieron incluso con actos esporádicos de violencia en Bahréin, Kuwait, Pakistán y Arabia Saudí.

Un dato muy importante y que en ocasiones es obviado de un modo deliberado es que gran parte de lo que sucede en Próximo Oriente está dentro del marco de la lucha dentro del mundo islámico por mantener la hegemonía. Desde la separación del Islam en sus dos corrientes principales los seguidores de una y otra han luchado por imponerse a la contraria. Y es esa lucha la que subyace en el fondo de los enfrentamientos actuales. Por supuesto, aderezado con otra serie de condicionantes no menores, como el factor energético, el económico, la presencia de un actor como Israel y la intervención de las potencias occidentales.

Por ello, la estrategia seguida por los chiitas y apoyada por la República Islámica de Irán es muy similar a la que siguen grupos similares de la corriente opuesta, como son por ejemplo los Hermanos Musulmanes[22].

[22]**HERMANOS MUSULMANES:**Organización islamista. La Sociedad de los Hermanos Musulmanes fue fundada en el año de 1928 en la ciudad de Ismailía, centro administrativo del canal de Suez en esa época, por Hasan al-Banna.

Ambos grupos en un primer momento tienen como objetivo deslegitimar el poder establecido por todos los medios posibles, trasladando a la población que éste no responde a sus demandas y necesidades, creando una cierta sensación de "orfandad" que le lleva a buscar un referente. Una vez conseguido esto la semilla de la insurrección queda sembrada y se dan las condiciones para un levantamiento armado que logre hacerse con el poder para de ese modo imponer un gobierno islámico regido por la "*sharia*" o ley islámica.

Esta fórmula fue empleada por primera vez con éxito por la mayoría chiita en Irán, proporcionándoles un estado potente y con importantes recursos que los llevó a convertirse en la base de operaciones para la revolución de dicha corriente religiosa. Los dirigentes de la nueva República Islámica se

---

Su lema principal fue: "El Islam es la solución".Tras su formación, se fueron agregando varias secciones a lo largo de la zona del Canal de Suez y, conforme el movimiento fue adquiriendo fuerza y notoriedad en Egipto, se fue expandiendo a lo largo de todo Egipto. El objetivo de esta sociedad, en un principio, era extender los principios morales islámicos y hacer obras de beneficencia; su carácter era meramente religioso. La labor de la Hermandad se convirtió, desde un principio, en un activismo social: fundó escuelas, organizó cursos religiosos, enseñó literatura, instaló hospitales y centros de salud, construyó mezquitas e, incluso, instaló varias empresas. Gran parte del éxito de la Hermandad se debe a que su discurso no estaba dirigido a un sector o clase particular sino a todos los creyentes de la fe. El mensaje del islam señalaba al-Banna y otros reformistas, es universal y su alcance va mucho más allá de una simple práctica de la fe: es política, sociedad, economía, derecho y cultura.

El objetivo declarado de esta organización es inculcar el Corán y la Sunna como el único punto de referencia para ordenar la vida de la familia musulmana, el individuo, la comunidad y el Estado. La organización busca hacer de los países musulmanes califatos islámicos unificados.
Los Hermanos han sido frecuentemente acusados de promover y exportar la revolución o la violencia islamista, pues tienen ramificaciones o contactos con grupos militantes de numerosos países, tanto del mundo islámico como occidental

pusieron manos a la obra para redefinir el mundo islámico chiita y buscar la forma de exportar su visión a las comunidades que seguían la misma confesión más allá de las fronteras del país.

Prueba evidente de esta determinación es que la constitución de 1979 consagra el compromiso ideológico de la República de movilizar a los denominados "*mostazafeen*", musulmanes oprimidos, contra lo que Teherán calificaba de gobernantes injustos.Esta tarea se refiere a los musulmanes de manera general, sin hacer distinción entre chiitas y sunnitas. Pero como afirma AfshonOstovar: "los críticos con Irán tienden a ver en la actuación del país desde 1979 un comportamiento expansionista y transnacional para implantar una política chiita proiraní". Pero atendiendo a la evolución de este con más detalle se advierten desde luego elementos sectarios que tienen una gran influencia en los cálculos estratégicos de Irán, sin seguir un único patrón como apuntan los críticos al régimen. Hay momentos clave en los que el papel de Teherán ha ignorado las que a priori eran sus preferencias sectarias. Un botón de muestra es la guerra civil del Líbano a comienzo de la década de los 80. Durante el conflicto Irán apoyó el movimiento Al Fatah dirigido por Yasser Arafat, el cual era de corte sunnita y estaba enfrentado al grupo libanes chiita Amal. En ese momento, Teherán priorizó la beligerante posición de Arafat contra Israelfrente a la posición de Amal centrada exclusivamente en los intereses de la comunidad chiita del Líbano. Este, junto con otros muchos pone de relieve como Irán, a pesar de todo, siempre ha aplicado lo que se conoce como "realpolitik". Más allá de su agenda e ideología, siempre actúa adaptándose a la situación para lograr un beneficio mayor. Es lo que podría llamarse un sectarismo sometido a los intereses prácticos de la estrategia geopolítica del país.

Conclusiones

Las milicias proiraníes que operan en la región de Oriente Medio son una constante amenaza a la estabilidad de la zona, así como a la posibilidad de lograr la implantación de unos gobiernos estables y pacíficos. Desde un punto de vista estratégico, la forma de actuación de Irán, que en cierto modo fue algo novedoso, mediante la utilización de proxies para lograr sus objetivos políticos y militares, se ha revelado como un problema difícil de enfocar, entender y contrarrestar de una manera holística.

Por ello, es muy importante conocer el origen de este "modus operandi" y sus raíces para establecer un modelo teórico que dé respuesta a como Teherán emplea estos recursos, cuál es la dinámica de estos grupos y cuáles son sus auténticos intereses en la región, mucho más allá de los habituales tópicos.

Irán se ha preocupado de tejer una tupida red de relaciones con estos actores no estatales hasta el punto de emplearlos como una extensión de los medios y recursos de la propia República Islámica dentro de la dinámica de los nuevos conflictos, ya sean denominados híbridos o conflictos en la zona gris. Y lo hace de tal manera que fomenta ciertos enfrentamientos, provoca otros o rebaja la tensión en algunos de los existentes según sus propios intereses.

Así que, mientras la denominada "Guerra contra el Terrorismo" en cierto modo comienza a desaparecer del discurso y las ambiciones y aspiraciones de los estados en materia de seguridad vuelven a tomar un papel principal, las actividades de Irán y su particular proceder en Oriente Medio se perpetúan como un desafío y una fuente de problemas.

Los grupos creados por el Régimen iraní o aquellos con los que ha establecido estrechos vínculos por compartir intereses e ideología con Teherán libran guerras o llevan a cabo actividades políticas en línea con los intereses de Irán, y a cambio obtienen apoyo militar, financiero y, en no pocas ocasiones, asesoramiento y apoyo político en el concierto internacional.

A través de esta tupida red de proxies Irán ha podido crear una red regional de "seguridad" con tentáculos en prácticamente todos los países de la región, a pesar de una clara posición enfrentada a los intereses iraníes de estos estados.

Esta forma de actuar tan particular presenta una complejidad inusual y un desafío a todos los que han de diseñar estrategias para contrarrestarla.

Las preguntas clave son dos: "¿Cuáles son los verdaderos objetivos de Irán en la región? Y ¿Cómo va a actuar para alcanzarlos?"

Ambas parecen obvias. Lo que ya no lo es tanto es la respuesta a ninguna de las dos. Son muchos los factores que interactúan en el proceso de decisión de Irán, en ocasiones incluso contradictorios entre ellos, y muchos se superponen dificultando la comprensión de este.

Pero pueden identificarse, haciendo un primer análisis básico, los dos principales motores de la estrategia iraní, que no son otros que el mantenimiento de su seguridad y la expansión de sus objetivos ideológicos.

Por un lado, la implantación y empleo de sus milicias afines, así como con el desarrollo de su potencia militar busca incrementar su seguridad mediante la disuasión, tratando de llevarla no solo a sus potenciales enemigos regionales sino a cualquier actor exterior que pueda tratar de interferir en sus asuntos domésticos, aunque estos en ocasiones afecten a terceros, como es el caso del desarrollo de su programa nuclear. Esta se basa en granmedida en la amenaza que suponen esos proxies como fuerza de combate activa capaz de actuar en condiciones muy diferentes a lo que supondría un conflicto militar convencional. Por otro lado tenemos el permanente intento, desde la creación de la República Islámica de exportar su modelo de revolución y la ideología chiita que conforma la base de su forma de gobierno teocrática.

Esta breve mirada al pasado y este somero vistazo a la forma de actuar de Irán puede ayudar a comprender en parte lo que está sucediendo durante los últimos meses en Irak, pues pone de manifiesto los relevantes lazos históricos de los islamistas chiitas iraníes con sus correligionarios en Irak, así como el modo en que estos grupos actúan dirigidos desde la República Islámica, manifestando cuan profunda es la influencia religiosa y política de Teherán en la realidad iraquí actual. Tal vez arroje algo de luz sobre el origen de los acontecimientos del pasado mes de enero.

Corolario

Un año después de la publicación de este artículo la situación ha tomado un rumbo que podría considerarse inesperado pero que abre todo un abanico de posibilidades.

Si bien es cierto que, a grandes rasgos, la política iraní no ha cambiado y sus milicias han continuado llevando a cabo acciones en sus áreas de influencia, es reseñable que se han producido al menos dos ataques contra instalaciones nucleares iraníes sin que haya habido respuesta alguna por parte del régimen de Teherán. Es más, uno de los científicos referentes de su programa nuclear fue asesinado en las proximidades de Teherán y a pesar del habitual cruce de acusaciones no se ha ido más allá.

Esto no hace sino reforzar la idea de que a pesar de los avances en materia militar y de las recurrentes campañas propagandísticas exhibiendo lanzamiento de misiles y pomposos ejercicios militares, Teherán no se considera preparado para dar el paso hacia un enfrentamiento directo o a gran escala.

No obstante, la pieza fundamental ha sido la firma de los acuerdos de Abraham. Este tratado ha cambiado por completo el escenario. El aislamiento de Irán es ahora mucho mayor, y elementos recurrentes como la causa palestina han perdido casi toda su fuerza y valor de movilización en el mundo árabe. La reacción a medio plazo del régimen iraní en referencia a ese tratado será la pieza clave del devenir de los acontecimientos. Unido como no al cambio en la presidencia de los EE. UU. Las acciones que lleve a cabo la administración Biden en la región son una incógnita aún, pues está sumido en la resolución de problemas domésticos, pero tarde o temprano deberá tomar decisiones y llevar a cabo acciones que sin duda afectarán al plano regional.

Bibliografía

- EmmetHollingshead "*Iran's New Interventionism: ReconceptualizingProxy Warfare in the Post-Arab Spring Middle East*" MacalesterCollege, ehollin1@macalester.edu (2018)
- Alex Vatanka. "*Iran's use of shi'imilitantproxiesideological and practicalexpediency versus uncertainsustainability*" PolicyPaper(2018)
- HollyDagres&BarbaraSlavin. "HowIranWill Cope with US Sanctions" (2018)

EL PAPEL DE IRAN EN PROXIMO ORIENTE (II)

Publicado en Atalayar 08 de mayo de 2020

https://atalayar.com/content/el-papel-de-ir%C3%A1n-en-oriente-pr%C3%B3ximo-ii

Antecedentes

Este trabajo es continuación del anterior. En este en concreto nos centramos más analizar como Irán trata de influir en aquellas áreas que considera de su interés. Nos detenemos especialmente en los llamados "proxies", herramienta muy utilizada por Teherán para mantener presencia allá donde considere necesario. Del mismo modo se pone de relieve lo profundo del conflicto con Arabia Saudí y las graves consecuencias para la región y para el mundo que podría acarrear un enfrentamiento abierto y declarado entre ambos países.

EL *PAPEL* DE IRAN EN PROXIMO ORIENTE (II)

Es indudable que Irán ha logrado el objetivo que se marcó tras la revolución de 1979, convertirse en actor principal en la región. De un modo u otro el país persa ha estado involucrado en todos los eventos significativos sucedidos en Oriente Próximo: en unos como elemento principal y en otros como parte de estos o instigador.

Pero hay algunos aspectos que merece la pena tratar más en detalle.

En primer lugar, el hecho de la formación, financiación y empleo de mercenarios extranjeros que se han movido por toda la región, luchando en las diferentes zonas de conflicto. En segundo, el empleo directo de sus propias unidades de operaciones especiales, "Quds", en Siria.

Estas acciones han complicado enormemente las relaciones políticas y económicas que subyacen en los conflictos siempre latentes a lo largo y ancho de toda la región, siendo una clara muestra de cómo Irán entiende tanto su papel, como las oportunidades que se le presentan en ese contexto de "*conflictos subyacentes*".

Curiosamente, en Afganistán Irán se mostró proclive a ayudar los esfuerzos de EE. UU. para acabar con el gobierno talibán de corte sunita. Los talibán eran totalmente opuestos a la ideología chiita del Régimen de Teherán, y por supuesto a la idea de una revolución islámica liderada por esta corriente.Así pues, la acción de EEUU significó para Irán la oportunidad de eliminar a un peligroso adversario de su frontera Este. Pero cuando en 2012, el Acuerdo de colaboración Estratégico entre EE. UU. y Afganistán[23] dejó claro que suponía perpetuar en cierto modo la presencia de EE. UU. en el país, Irán se opuso tajantemente. De esta forma, en un ejemplo práctico de ese pragmatismo tan característico de la política iraní, anteponiendo si es necesario los intereses de la República a los de la Revolución, la posición cambió pasando a apoyar a los Talibán y a crear redes y relaciones con políticos locales y autoridades militares, socavando de ese modo al gobierno central.

Irán es consciente de lo complicada que es la tarea en la que se ha embarcado, no sólo EE. UU., sino la comunidad internacional, de crear un gobierno central fuerte en Kabúl, y por ello ha optado por crear redes transfronterizas y relaciones políticas locales o regionales que sirvan a sus propósitos. Una vez más, Irán enfrenta a sus enemigos a través de terceros y en campo ajeno.

Otro ejemplo de este "modus operandi" es el que vemos en Yemen, aunque aquí los motivos que guían la acción iraní son muy diferentes. El apoyo iraní a los rebeldes houties[24]

---

[23] **ACUERDO EEUU-AFGANISTAN**: Acuerdo estratégico alcanzado entre Afganistán y los Estados Unidos en abril del 2012 que permia la permanencia en el país, tras la retirada paulatina de las fuerzas militares de la coalición de un contingente de asesores, técnicos e instructores estadounidenses y de otras naciones de la OTAN más allá 2014. La situación de seguridad del país, la necesidad de evitar una nueva guerra civil o el retorno del talibán al gobierno y el futuro económico del mismo fueron elementos clave para llegar a un entendimiento. De ese modo se establecía una situación razonable y pragmática que daba esperanzas para una adecuada finalización del conflicto afgano.

[24]**REBELDES HOUTIES:** Los rebeldes hutíes de Yemen son un movimiento de resistencia que nació hace décadas en oposición a la influencia religiosa de Arabia Saudí. Hussein Badreddin al Houti, miembro de la minoría chií zaidí de Yemen, que representa un tercio de la población del país, fundó el movimiento en la década de los 90. Murió en 2004 en un enfrentamiento con las fuerzas armadas yemeníes mataron El grupo está actualmente liderado por su hermano, Abdul

está sustentado por el interés en mantener un conflicto con el que Arabia Saudí, su gran rival en el mundo islámico, deba lidiar en su propia frontera. Es evidente que un país azotado por un prolongado y duro conflicto interno es un factor negativo y de desestabilización a su vez para los países fronterizos. Esta forma de actuar en Yemen parece entrar en colisión con los intereses iraníes al operar del modo en que lo hace en Afganistán, pues no parece sensato entonces provocar conflictos e inestabilidad en su propia frontera. Pero la diferencia entre ambas situaciones radica en los actores de uno y otro escenario y en las relaciones que mantiene Irán con Arabia Saudí, así como en la confianza que tiene Irán en disponer de una mayor capacidad para manejar la inestabilidad de la que posee Arabia Saudí.

En el conflicto de Yemen, Arabia Saudí cuenta con un aliado internacionalmente reconocido, el gobierno de Abd Rabbuh Mansur al-Hadi[25]. Su objetivo es poner fin al conflicto restaurando el poder del mencionado al-Hadi. En el lado

---

Malik y está armado y financiado por Irán que lo utiliza como milicia afín para combatir a Arabia Saudí.

[25] **ABD RABBUH MANSUR AL-HADI:** General Mayor del ejército yemení nacido en 1945 en Abyan, Protectorado de Adén) Dio el salto a la política alcanzó la vicepresidencia el 3 de octubre de 1994. Entre el 4 de junio y 23 de septiembre de 2011 ostentó el cargo de presidente interino. Asumió la presidencia el 23 de diciembre de 2011 en sustitución de Ali Abdullah Saleh, quien renunció tras las protestas opositoras iniciadas en enero de 2011. Fue el único candidato en las elecciones presidenciales que se celebraron el 21 de febrero de 2012. Su candidatura fue apoyada por el oficialismo como por la oposición parlamentaria. Abd Rabbuh Mansur al-Hadi tomo juramento del cargo en el Parlamento el 25 de febrero de 2012.10 Fue investido formalmente como presidente de Yemen el 27 de febrero de 2012, cuando Saleh renunció a la Presidencia y formalmente cedió el poder a al-Hadi

opuesto, los intereses iraníes pasan por propiciar una victoria de los rebeldes Houties, aunque una prolongación del conflicto también sirve a la consecución de sus objetivos. La principal diferencia con Afganistán se encuentra precisamente en ese punto, en la ausencia de un aliado al que ayudar a lograr el poder.

Por lo general, los intentos por parte de Irán de explotar conflictos domésticos en pos de sus intereses siempre tratan de seguir la senda de la consecución de la unidad chiita internacional. Sin embargo, en Afganistán han construido relaciones políticas y han aprovechado vulnerabilidades en el campo de la seguridad a través de otros canales. Un Afganistán fracturado y sin una mínima estabilidad ofrece una magnífica oportunidad para crear esas conexiones políticas a través de grupos y redes de apoyo cuyas lealtades son frágiles y cambiantes, al tiempo que necesitan de apoyo material externo, convirtiendo esa necesidad en su auténtico talón de Aquiles.

Irán ha estado reclutando combatientes para sus milicias entre los refugiados afganos para después enviarlos a combatir a Siria a favor del régimen de Assad. Por supuesto, a cambio de un salario. Estos forman parte de la "Brigada Fatimid", compuesta por combatientes chiitas de demostrado valor que han combatido junto a Hezbolá en el Líbano y como integrantes de milicias chiitas tanto en Iraq como en Paquistán.

De un modo similar actúa entre los chiitas pakistaníes, organizando a aquellos que logra reclutar bajo la conocida como la "Brigada Zainibuin" y enviándolos a combatir a Siria con un salario estimado de unos 600 dólares mensuales. De este modo Irán aprovecha su capacidad de proporcionar esos incentivos económicos para facilitar mercenarios extranjeros que no hacen necesaria su implicación directa en apoyo de quienes considera sus aliados o en aquellas zonas donde le interesa actuar para beneficio propio. Este, como puede verse, se está convirtiendo en un modo de actuación cada vez más común y definitorio de los "nuevos conflictos".

Irán ha contribuido muy inteligentemente en beneficio de su política exterior a crear una estructura de incentivos económicos a cambio de combatir en las filas de sus milicias afines. En zonas donde la situación hace que las perspectivas de progresar económicamente o casi de subsistir sean poco más que una quimera, enrolarse en las milicias se convierte en una opción más que tentadora. Una vez más queda claro que el factor de falta de esperanza y de horizontes de progreso es clave a la hora de empujar a diversos grupos a empuñar las armas a favor de quien se convierte en referente o les da esa luz que necesitan, llámese Irán, Daesh o Al Qaeda.

Actualmente la estrategia de Irán en Oriente Próximo pivota en torno a un contexto de conflictos de baja intensidad surgidos en torno a elementos sectarios (religiosos) o étnicos.

En Siria, la República persa coopera con las fuerzas armadas de Al Assad.Y grupos paramilitares y de autodefensa, como las "*Brigadas Badr*" o Hezbolá coordinan la acción de mercenarios tanto en ese país como en Afganistán, al tiempo que la implicación en Siria se refuerza hasta el punto de enviar unidades propias de operaciones especiales que combaten a favor del gobierno sirio bajo el amparo, sin dejar de ser una ironía, de la "**lucha global contra el terrorismo**".

La estrategia iraní en este campo viene definida por la creación de una suerte de coaliciones multilaterales y transnacionales entre grupos y actores no estatales que sirven a sus intereses.

En un contexto en el que las alianzas cambian rápidamente, de intervenciones extranjeras en la región y de una economía inestable, Irán ha sido capaz de agrupar a diferentes tipos de grupos y organizaciones aprovechando sus intereses convergentes y, lo que es más importante, de coordinar sus esfuerzos para alcanzar un objetivo común.

Y esa enorme experiencia adquirida a lo largo de la historia, de construir relaciones con grupos que actúan como proxies del régimen, ha llevado a mantener un balance de interacción muy bien elaborado entre organizaciones y grupos estatales y no estatales.

Actuando mediante esos proxies, Teherán evita implicarse directamente, ahorra recursos propios y aparece en cierto modo ante el resto del mundo menos responsable de las acciones llevadas a cabo por esos grupos, pero la otra cara de la moneda es la mayor dificultad para ejercer un control efectivo sobre esos elementos y dirigirlos adecuadamente.

Lo cierto, pese a todo, es que Irán no necesita dirigir directamente cada uno de esos grupos afines. Esta función de dirección la delega en sus principales milicias reconocidas, como son la Brigada Badr en Irak o Hezbolá en el Líbano. Esto deriva en toda una colección de elementos que no poseen una estructura organizativa o una misión u objetivo coordinado entre ellos, pero al mismo tiempo su estructura y funcionamiento van más allá de lo que se podría considerar un grupo terrorista. Este hecho es el que hace que sea tan complicado confrontarlos.

A primera vista, puede parecer que los proxies que emplea el régimen de los ayatolás pueden dividirse en proxies políticos y militares. Pero la realidad es que todos estos grupos cubren todo el espectro de acciones que abarcan las organizaciones político-militares. La gran diferencia no reside en la orientación de los grupos en sí misma, sino en el contexto en que operan.

Así pues, la mayor parte de autores clasifican a estos grupos en dos grandes núcleos: "activos o latentes".

Califican como "activos" a aquellos grupos que ejercen de forma activa la violencia contra el gobierno del estado en cuyo territorio actúan, contra otros grupos armados dentro de ese mismo territorio o contra ambos.

El apelativo de "latente" se otorga a aquellos cuya actuación no conlleva acciones violentas o armadas, al menos por el momento, lo cual no elimina la posibilidad de que, si la situación lo requiere, pasen a engrosar la lista de los "activos".

Según sus necesidades Irán emplea unos u otros en su beneficio.

Proxies activos son los rebeldes houties en Yemen o Hezbolá en Siria. El apoyo a estos grupos se traduce principalmente en el suministro de armas y apoyo económico, incluyendo como se ha visto el reclutamiento de combatientes a sueldo. Este tipo de grupos tienen la capacidad de desestabilizar zonas amplias de cualquier Estado, al tiempo que aseguran pequeñas zonas de este para los grupos o etnias aliados de Irán. Volviendo de nuevo al ejemplo de Yemen, allí los houties luchan para alcanzar su objetivo de lograr el poder y control del país, estableciendo un gobierno que en cierto modo sería aliado de Irán, pero por el momento su lucha proporciona a Irán el beneficio que supone una situación de total inestabilidad en la frontera sur de Arabia Saudí, su gran rival en el mundo musulmán.

De un modo muy similar obtiene Teherán beneficios de la actividad de Hezbolá: su permanente enfrentamiento con Israel tiene como principal resultado entorpercer y ralentizar las operaciones antiterroristas del Estado hebreo y sus operaciones de seguridad en la frontera.

Los grupos que se engloban en la categoría de latentes no están implicados en la lucha directa, pero aparecen en el contexto de situaciones de tensiones políticas con el Estado que gobierna allá donde residen. El apoyo de Irán a estos se suele limitar a la faceta política más que al material, ya sea en forma de armas o de dinero, a pesar de que la mayoría de estos grupos suelen tener milicias armadas asociadas.

El más claro ejemplo de estos son los grupos chiitas iraquíes. Estos grupos, en principio eminentemente políticos, se centran en intervenir en asuntos de política doméstica para actuar a favor de los intereses de Irán dentro del propio Irak. Como consecuencia de estas actividades y para apoyarlas, cada grupo tiene su propia milicia armada (Brigadas Badr por ejemplo), que luchan junto a las "*Fuerzas de Movilización Popular Iraquí*" (PMF) contra el Daesh pero que llegado el momento podrían actuar a favor de Irán en un hipotético nuevo enfrentamiento entre ambos países.

Otro aspecto importante del uso de proxies es su vertiente económica. Esta práctica le permite optimizar sus recursos destinando parte de estos a financiar a aquellos grupos, aun cuando por sí mismos tienen métodos para hacerlo por sí mismos, aunque sea de un modo insuficiente. Así, en lugar de tener que sufragar una operación militar en su totalidad, Teherán cuenta con esas medidas de autofinanciación de sus proxies. Esta es una razón más que pone de relieve la baja probabilidad que existe de que Irán renuncie a una estrategia que le permite influir en la seguridad regional con un coste significativamente bajo, pues de ese modo evita los enormes costes que supondría un enfrentamiento armado convencional con cualquier otro Estado.

Continuando con esta aproximación desde el punto de vista económico, es interesante observar como la política de reclutar a cambio de un salario, combatientes en zonas, incluso que no son ideológicamente afines pero con graves problemas económicos y de desarrollo, del modo en que lo ha llevado a cabo con refugiados afganos y pakistaníes, ha logrado un efecto sorprendente: aprovechar un problema de inseguridad económica regional en su propio beneficio al transformar éste en la raíz de su seguridad geopolítica.

Así podría decirse que la red transnacional de proxies establecida por Irán actúa como un eficaz elemento de disuasión en toda la región equilibrando la balanza de poder. Lo cual no impide que, en cierto modo,aún sea una incógnita si esa estrategia será suficiente para mantener ese equilibrio de poder frente a su máximo rival, Arabia Saudí, a largo plazo.

Las ventajas principales que proporciona esta compleja red iraní, a través de su descentralización, son su capacidad de responder casi inmediatamente a cualquier agresión o acción hostil, del tipo que sea contra el país persa o sus intereses y el establecimiento de posiciones o bases avanzadas dentro del territorio de otros países. Pero frente a estos pros, el peligro de esta estrategia es la incapacidad de ejercer un control directo y efectivo sobre los proxies y la inexistencia de proyectos de financiación y sostenimiento a largo plazo.

No obstante, hay una realidad que no se puede obviar, y es que a pesar de que Irán se erige como el núcleo central de esta red de grupos afines o proxies, no es ni mucho menos el único o principal instigador de estos, y los conflictos en los que toman parte continuarán incluso sin la intervención de Teherán. La influencia que ejerce el régimen simplemente se aprovecha de estos para encauzar los intereses iraníes

Conclusiones

Las políticas de seguridad nacional de Irán son el producto de un gran número de factores que se solapan entre sí y que incluso en ocasiones parecen rivalizar entre ellos mismos. Entre estos se encuentra la propia ideología de la Revolución Islámica, que llevó al cambio de régimen en 1979, la percepción que se tiene de las amenazas contra el propio Estado y contra el Régimen, los intereses nacionales a largo plazo y la interacción entre las diferentes facciones que conviven dentro del régimen.

Las que podemos considerar líneas generales que guían la política de seguridad del régimen iraní son las siguientes:

- Intentar ofrecer una disuasión lo suficientemente convincente frente a cualquier intento de invadir su territorio, de intimidar o de provocar un cambio de régimen, bien sea por EE. UU. o por cualquier potencia extranjera.

- Tratar de aprovechar las oportunidades que le ofrecen los conflictos regionales que asolan permanentemente el Oriente Próximo para cambiar la estructura de poder en la zona que el régimen iraní considera que favorece a Estados Unidos, Israel, Arabia Saudí y al resto de Estados musulmanes de corte sunita.

- Buscar afianzar cierto prestigio y reconocimiento a nivel internacional que en cierto modo recupere las reminiscencias del esplendor de los antiguos Imperios Persas.

- Proporcionar apoyo material y financiero a los gobiernos que considera aliados y a las milicias o facciones armadas que considera afines, como las mencionadas a lo largo de este documento. Irán presenta y justifica este apoyo como una ayuda a los oprimidos de la región, reafirmando la idea de que es en particular Arabia Saudí la responsable de provocar tensiones sectarias y de intentar excluir al país persa de los asuntos que afectan a toda la región. Aquí sí que puede constatarse que, a pesar de que hay en juego factores de índole económica no menores, lo que subyace es la lucha interna entre las dos corrientes principales del islám y su lucha por lograr la hegemonía.

- Aprovechar la imposición de sanciones como consecuencia de su programa nuclear para aparecer como un centro fundamental para el comercio y la producción de energía en la región y así poder asegurarse la adquisición de nuevos sistemas de armas (no olvidemos la compra de los sistemas de defensa aérea S400).

Como último apunte es importante señalar que a pesar de las apariencias no todo es hegemonía en el país (últimamente hansalido a la luz episodios de protestas en las calles, algunas de ellas duramente reprimidas) ni tan siquiera en la clase dirigente.

Dentro de esta última hay ciertos desacuerdos a la hora de decidir sobre la estrategia a seguir. Y si bien el líder supremo, Ali Khamenei y los partidarios de la línea dura, como los miembros de la Guardia Revolucionaria se oponen a cualquier decisión que comprometa los objetivos principales en lo que se refiere a seguridad nacional, el presidente electo, Hassan Rouhani, aboga por la vuelta del país al concierto diplomático regional e internacional.

Por ahora los partidarios de la línea más dura se muestran leales con esta última deriva. Será interesante seguir los acontecimientos y comprobar hasta dónde están dispuestos a llegar.

Corolario

Desde la publicación del artículo, dos hechos fundamentales han cambiado el panorama regional.

En primer lugar, la firma de los "Acuerdos de Abraham". Este acuerdo, inicialmente entre EE. UU., Israel y EAU, pero al que se han ido sumando sucesivamente otros países árabes y ya se conocen de algunos más que van a seguir el mismo camino, es todo un hito y un revulsivo.

Por primera vez se vislumbra la atenuación o casi desaparición del que podría considerarse el mayor conflicto en la zona, cambiando lo que hasta el momento eran enfrentamientos y tensiones por colaboraciones de importancia estratégica y que pueden tener un impacto sin precedentes en el desarrollo de la región.

Evidentemente el conflicto "árabe-israelí", con su componente palestino no va a desaparecer de un día para otro, pero su importancia o influencia en las relaciones entre el Estado hebreo y los países árabes se va a ver muy disminuido una vez que los actores regionales comprueben los beneficios de la estabilidad y la ausencia de enfrentamiento. Los grandes perdedores pueden ser los palestinos, y esta es una causa que Irán siempre ha abanderado a la hora de agitar a las masas en beneficio propio.

El otro hecho es el cambio en la presidencia de EE. UU. A pesar de todo la administración Trump fue capaz de mantener cierto control sobre la tensión con Irán y es en parte artífice de los mencionados acuerdos.

La deriva que tomará el nuevo gobierno norteamericano es en estos momentos aún una incógnita en lo que a sus relaciones con Irán y las tensiones regionales se refiere, y sin duda será determinante. Precisamente en el día que escribo estas líneas ha saltado la noticia de que un informe de Naciones Unidas evidencia la colaboración entre Corea del Norte e Irán durante el último año en el desarrollo de misiles balísticos. Esto sin duda vuelve a alterar la ecuación incluyendo de nuevo al país asiático, lo cual no hace sino poner en peligro el débil equilibrio alcanzado en los últimos meses de 2020. Irán ha terminado el año en una posición más difícil y aislada de la que lo comenzó, y esa es una situación que habrá de manejarse con sumo cuidado.

Bibliografía

- Hollingshead, Emmet, "*Iran's New Interventionism: Reconceptualizing Proxy Warfare in the Post-Arab Spring Middle East*" (2018). Political Science Honors Projects.
- Council on Foreign Relations Center for Preventive Action, "*Managing the Saudi-Iran Rivalry,*" 25 October 2016
- Max Fisher, "*How the Iranian-Saudi Proxy Struggle Tore Apart the Middle East*," The New York Times, 19 Nov.2016.
- J. Matthew McInnis, "Iranian *Deterrence Strategy and Use of Proxies*," AEI, 6 Dec. 2016

- Congressional Research Service, "*Iran's Foreign and Defense Policies*" Dec. 2018

UN NUEVO HORIZONTE PARA PRÓXIMO ORIENTE

Publicado en: Global Affairs STRATEGIC STUDIES 01 de diciembre de 2020

https://www.unav.edu/web/global-affairs/detalle/-/blogs/un-nuevo-horizonte-para-proximo-oriente-los-acuerdos-entre-israel-y-paises-del-golfo-suponen-un-cambio-de-juego

Antecedentes

Tras la serie de artículos sobre Próximo Oriente, los cuales se centraron debido a la actualidad en Irán, un nuevo acontecimiento de vital significancia y alcance dio pie a un nuevo trabajo, esta vez más profundo y extenso. El objeto de este no era otro que analizar los recientes "Acuerdos de Abraham", contextualizar estos y plantear algunos escenarios posibles como consecuencia de los mencionados acuerdos. Inevitablemente, de nuevo Irán está llamado a ser un actor principal en cualquiera que sea el escenario que se materialice.

UN NUEVO HORIZONTE PARA PRÓXIMO ORIENTE

Introducción

Es interesante incorporar a cualquier tipo de análisis geopolítico unas pinceladas de historia. La historia es una ayuda fundamental para comprender el presente. Y la mayor parte de los conflictos, problemas, fricciones u obstáculos ya sea entre naciones o entidades públicas o privadas siempre tienen subyacente un trasfondo histórico.

Además, llevado al terreno de la negociación, sin importar el nivel de esta, demostrar un cierto conocimiento histórico del adversario es útil porque por un lado no deja de ser una muestra de interés y respeto hacia él, lo cual siempre nos situará en una posición ventajosa, sino que, en otro orden de cosas, cualquier escollo o dificultad que aparezca tiene amplias posibilidades de tener su homólogo histórico, y precisamente ahí se puede hallar el camino hacia la solución. La parte que disponga una mayor profundidad de ese conocimiento aumentará notablemente las opciones de una solución más favorable a sus intereses.

En la antigüedad, el territorio que hoy ocupan los Emiratos Árabes Unidos estaba habitado por tribus árabes, nómadas agricultores, artesanos y comerciantes

El saqueo de los barcos mercantes de potencias europeas que navegaban por sus costas, aproximándose a estas más de lo recomendable era algo habitual. Y, en cierto modo, era una forma de vida para parte de sus habitantes. Es en el s. VII cuando el islam se asienta en la cultura local en el siglo VII. De las dos corrientes surgidas tras las disputas acaecidas después de la muerte del Profeta, es la sunní la que se hace con la hegemonía a partir del siglo XI.

Con la finalidad de poner fin a la piratería y asegurar las rutas comerciales marítimas, Reino Unido, a partir de 1820 firma con los jeques de la zona un tratado de paz. En 1853, se va un paso más allá y se logra firmar otro acuerdo por el cual todo el territorio quedaba bajo el protectorado militar del Reino Unido.[26]

La zona atrajo la atención de potencias como Rusia, Francia y Alemania, y en 1892, para proteger sus intereses se firma un acuerdo que garantiza para los británicos el monopolio sobre el comercio y la exportación.

La zona que abarca a los actuales siete Emiratos Árabes Unidos más Catar y Bahrein se conoció a partir de ese momento como los "Estados de la Tregua" o "Trucial States".

---

[26] **PROTECTORADO BRIÁNICO**: El acuerdo de 1820 con los jefes de las tribus puso fin a los actos de piratería y dio comienzo oficialmente al protectorado británico. El punto culmen se alcanzó en mayo de 1853 cuando se acuerda una tregua marítima perpetua a cambio de que el Reino Unido se hiciera cargo de la protección militar del territorio. Cuarenta años después, en 1892, el Reino Unido conseguía el monopolio para la explotación de los recursos y el comercio de lo que, desde entonces se denominó los Estados de la Tregua.

Durante la Primera Guerra Mundial, los aeródromos y puertos del Golfo tomaron un importante papel en el desarrollo del conflicto en favor de Reino Unido. Al término de la Segunda Guerra Mundial, en 1945, se creó la Liga de Estados Árabes (Liga Árabe)[27], formada por aquellos que gozaban de cierta independencia colonial. La nueva organización llamó la atención de los Estados de la Tregua.

En 1960, se crea la Organización de Países Exportadores de Petróleo (OPEP), siendo Arabia Saudita, Irán, Irak, Kuwait y Venezuela sus fundadores y con sede en Viena, Austria. Los siete emiratos, que posteriormente formarían los Emiratos Árabes Unidos, se unieron en 1967.

Desde 1968 nueve emiratos de la costa oriental de la península Arábiga habían comenzado negociaciones para constituir un estado federal. Tras la retirada definitiva de las tropas británicas y después de que Bahréin y Qatar se desmarcasen del proceso y obtuviesen la independencia por

---

[27] **LIGA ÁRABE:**La Liga de los Estados Árabes o Liga Árabees una organización que agrupa a la mayor parte de los Estados árabes del Medio Oriente y el Magreb. Fue fundada el 22 de marzo de 1945 teniendo como miembros fundacionales a siete países con relativa capacidad de acción: Egipto, Siria, Líbano, Transjordania, Iraq, Arabia Saudita y Yemen del Norte, junto con un representante de los árabes palestinos. El acuerdo logrado dejaba las puertas abiertas a la posible entrada del resto de países árabes que quisieran unirse a ellos una vez lograsen su independencia.
Su sede fue establecida en El Cairo. Los acuerdos firmados prohibían la injerencia en asuntos internos de otros países y establecían una serie de objetivos: fortalecer las relaciones entre los estados miembros, coordinar sus políticas para salvaguardar su independencia y soberanía y, en general, todo cuanto afectaba a los asuntos e intereses de los países árabes. Se ponía énfasis en fomentar la cooperación en materia económica, comunicaciones, asuntos culturales y en las políticas de bienestar social. Se alcanzó el acuerdo de no recurrir a la fuerza para resolver conflictos entre los miembros de la Liga.

separado, en 1971, seis Emiratos se independizaron del imperio británico: Abu Dhabi, Dubái, Sharjah, Ajmán, Umm al Qaywayn y Fujairah, formando la federación de los Emiratos Árabes Unidos, con un sistema legal basado en la constitución de 1971.Una vez consolidada esta, el 12 de junio se unieron a la Liga Árabe. El séptimo emirato, Ras Al-Khaimah se adhirió al año siguiente, destacando como componentes más fuertes los emiratos de Dubái y Abu Dabi, la capital.

Fue el inicio de la explotación de los enormes pozos petrolíferos descubiertos años atrás lo que dio un giro total a la situación.

A partir de la crisis del petróleo de 1973[28], los Emiratos comenzaron a acumular una enorme riqueza, debido a que los miembros de la OPEP decidieron no exportar más petróleo a los países que apoyaron a Israel durante la guerra del Yom Kipur.

El petróleo y el turismo basado en el crecimiento urbanístico y el desarrollo tecnológico son las principales fuentes de

---

[28] **CRISIS DEL PETROLEO DE 1973:** En 1973, como consecuencia de La guerra del Yom Kippur, los países árabes de la OPEP decidieron establecer un embargo a los países occidentales que apoyaron a Israel en el conflicto. En occidente, desde el final de la 2ª Guerra Mundial la dependencia del petróleo era creciente, y el valor del dólar estadounidense caía entre otros motivos como consecuencia de la guerra de Vietnam. Como añadido EE. UU. decidió desligar el dólar del patrón oro, dando por finalizado el sistema pactado en los acuerdos de Bretton Woods. Consecuencia de todo ello el precio del barril aumentó en casi diez dólares provocando una grave crisis económica. Los países de la OPEP, que se encontraban en vías de desarrollo nacionalizaron las empresas petrolíferas y aumentaron exponencialmente sus ingresos alcanzando un gran desarrollo económico a corto plazo.

prosperidad del país en la actualidad, y un dato muy importante desde todos los puntos de vista es que actualmente, el 80-85% de la población de EAU es inmigrante.

Situación Actual

Ha sido especialmente durante la última década y como consecuencia en parte de los acontecimientos acaecidos en la región a partir de lo que se conoció como la "Primavera árabe"[29] cuando los EUA han emergido como una potencia regional con capacidad de influir en la zona.

La principal característica que puede atribuírsele a esta aparición en la escena internacional es la transformación de una política exterior conservadora y muy dirigida hacia la "autoconservación" hacia otras más aperturista con clara vocación de no sólo jugar un papel relevante en la región, sino de influir en la misma para proteger sus intereses.

La que se puede considerar como la principal ambición de Abu Dhabi es convertirse en un actor principal capaz de influir en la definición y establecimiento de las estructuras de gobernanza a lo largo de la región según su propio modelo,

[29] **PRIMAVERA ÁRABE:** Protestas surgidas en varios países árabes entre 2010 y 2012, iniciadas en Túnez y que provocaron la caída del gobierno tunecino, de Egipto y algunos más. Las protestas reivindicaban un aumento de derechos sociales y la democratización de los regímenes existentes.

asegurando y ampliando las rutas comerciales introduciendo en ella a sus vecinos para crear un nodo económico lo suficientemente potente con capacidad para estrechar lazos con toda la región Este de África y con el sudeste asiático. (este es otro claro ejemplo de cómo el centro geopolítico mundial se está desplazando ya definitivamente hacia el eje Asia-Pacífico).

El modelo emiratí ha sido capaz de evolucionar para integrar una creciente apertura económica junto con un modelo político conservador, y un modelo de gobierno fuerte cuyo principal discurso está construido en base a un estado perfectamente afianzado y seguro. Y todo ello aunándolo con una gran capacidad como proveedor de servicios. Y lo que es muy interesante, el modelo social es de base relativamente secular y liberal si lo comparamos con los estándares de la región.

Pero un dato fundamental que no puede olvidarse es el rechazo frontal hacia cualquier ideología política o religiosa que suponga la más leve amenaza a la hegemonía y supremacía del Estado y de sus líderes.

Es Abu Dhabi, por ser el mayor y más próspero de los siete emiratos el que ejerce más influencia a la hora de marcar las líneas generales de la política tanto interior como exterior. De hecho, la evolución del modelo establecido por los EAU está firmemente asociado al príncipe de la corona de Abu Dhabi y líder de facto del emirato, Mohamed binZayed.

Lo que no se puede perder de vista es que a pesar de que MbZ y su círculo más íntimo de confianza comparten la misma visión del mundo y la política, sus acciones y decisiones no siguen necesariamente un plan preestablecido. No hay una doctrina base con objetivos tácticos y estratégicos marcados y las líneas de trabajo a seguir para alcanzarlos.

Su forma de llevar a cabo la estrategia país, si así puede llamarse se basa en un pequeño grupo perteneciente a ese círculo íntimo, el cual pone sobre la mesa varias opciones normalmente tácticas y reactivas ante cualquier problema o asunto que surja para llevar a cabo. En base a estas, la cúpula dirigente sigue un proceso de toma de decisiones ad hoc que puede conducir a una excesiva necesidad de correcciones y ajustes posteriores que a su vez derive en una pérdida de oportunidades.

Amenazas-Situación de Seguridad

Las autoridades de los Emiratos tienen una clara percepción de cuáles son las principales amenazas geoestratégicas para su desarrollo:

Por un lado, la difusión transnacional promovida por Irán de la ideología política islamista y por otro la influencia que tratan de ejercer los Hermanos Musulmanes y sus promotores y apoyos, incluido Qatar y Turquía son percibidas como una amenaza existencial a su visión de una forma de gobierno más secular, así como para la estabilidad del actual estatus quo regional dado que pueden actuar como un catalizador para el radicalismo en la zona.

No obstante, Abu Dhabi ha sido mucho más beligerante en su discurso contra los Hermanos Musulmanes y aquellos que les apoyan al tiempo que ha mantenido cierta cautela en su posicionamiento contra Irán.

El reciente acuerdo con el Estado de Israel ha servido para restar credibilidad a muchos de los tradicionales tópicos tan arraigados, al tiempo que ha puesto de manifiesto el nacimiento de un bloque judío-Sunní como oposición a la beligerante y creciente corriente chiita liderada por Irán y por sus proxies, activos en prácticamente todos los países de la zona y en todos los conflictos regionales.

Esta nueva situación debe servir a las potencias occidentales para confirmar que, en la región del Próximo Oriente, la visión de su propia problemática ha cambiado, e Irán y su particular forma de ejercer su política exterior y defender sus intereses son considerados en la actualidad un factor mucho más desestabilizador que el duradero conflicto palestino-israelí. La amenaza que supone Irán ha actuado como acicate a la hora de aunar criterios al tiempo que, a pesar de todo, Israel es visto como un elemento que proporciona estabilidad tanto en el plano militar como en el económico.

El tratado EAU-Israel

El 15 de septiembre, Israel, Emiratos Árabes Unidos y Bahréin, formalizaron la normalización de sus relaciones. Este acuerdo significa que ya son cuatro los Estados árabes que han aceptado el derecho de Israel a existir, y esto es indudablemente un auténtico éxito diplomático.

El hecho de que hayan sido precisamente Emiratos y Bahréin no es casual. Ninguno de los dos Estados ha participado en una guerra directa contra Israel. Y si esa característica es común a ambos Estados, la relación de Bahréin con Israel ha sido mucho más fluida que la de Emiratos Árabes Unidos. Esta realidad se sustenta en la comunidad judía asentada en Al-Qatif y su integración, que se ha traducido en una participación plena y activa en la vida política de Bahréin. Ello, ha ayudado a que las relaciones entre Manama y Jerusalén no hayan sido en absoluto conflictivas.

A pesar de ser visto a los ojos del gran público como una novedad, la verdad es que el reciente acuerdo alcanzado es el tercer "Tratado de Paz" que firma el país hebreo con una nación árabe. Sin embargo, es el primero que tiene visos de nacer con unos cimientos lo suficientemente sólidos que permiten augurar una nueva situación mucho más estable y duradera, en claro contraste con las relaciones fruto de los anteriores acuerdos con Egipto y Jordania, muy ceñidos a limitadas relaciones personales y en el campo de la seguridad y la diplomacia convencional.

El nuevo acuerdo con Israel establece una nueva senda de colaboración que afecta a todo Oriente Próximo, e incluye de un modo sustancial contrapesar la influencia de Irán, fomentar las relaciones comerciales, el turismo, la colaboración en materia militar a la hora de compartir inteligencia, cooperación en el área sanitaria y de ese modo contribuir a posicionar a EAU para liderar la diplomacia árabe en la región ofreciendo una oposición sólida a grupos islamistas como los Hermanos Musulmanes y su brazo palestino en Gaza, Hamas para de ese modo abrir la puerta a que otros países de la zona den pasos en su misma dirección.

La decisión de Israel de suspender la anunciada anexión bajo su soberanía de determinadas zonas de Cisjordania es así misma la prueba de que estos movimientos en la región son mucho más profundos y están mucho más preparados y acordados de antemano de lo que pueda imaginarse.

Y esta es precisamente una de las grandes diferencias que se encuentran con los acuerdos anteriores. La gran expectación que se ha creado y los claros indicios de que otros países, incluido Arabia Saudí, sigan la estela de EAU.

De hecho, un paso lleno de significado se ha dado en esta dirección, y ha sido algo tan simple como que un avión de la compañía israelí El sobrevoló espacio aéreo saudí llevando como pasajeros a un gran número de hombres de negocios, personal oficial e inversores camino de Emiratos como un gesto de buena voluntad. Y al contrario de lo que cabría haber esperado en otros momentos, este hecho ni tuvo repercusión en el mundo árabe ni provocó ningún tipo de protesta o manifestación en contra.

Lugares como Amman, Beirut, Túnez y Rabat, donde tradicionalmente las manifestaciones en contra de la "ocupación" israelí y acusaciones similares son por lo general numerosas en cuanto a participación, en esta ocasión se mantuvieron en total calma.

Pero si este dato ha pasado desapercibido para la población en general, no ha sucedido así para los líderes de las potencias de Oriente Próximo y las organizaciones violentas que utilizan como proxies.

Para aquellos que aspiran a seguir los pasos de EAU y establecer relaciones con Israel ello ha servido de estímulo para reafirmar su decisión, pues ha disminuido la sensación de inquietud o incluso de peligro emanante de las calles en el mundo árabe en relación con el conflicto palestino israelí que dicho paso podría provocar.

Por el contrario, para Irán y sus proxies ha sido una dura lección. No solo por comprobar que la baza de la causa palestina, enarbolada y puesta sobre el tablero durante tanto tiempo ha disminuido notablemente en importancia, sino porque ha coincidido en el tiempo con protestas tanto en Iraq como en El Líbano de sentido totalmente contrario, es decir, en contra de la injerencia de Irán n los asuntos internos de ambos países.

Como conclusión se debe extraer que a pesar de que esa ausencia de protestas por el acuerdo entre Israel y EAU puede parecer sorprendente, no es más que un signo evidente de un largo proceso de maduración y evolución política dentro del mundo árabe en general.

La población de Oriente Próximo en general no aspira ya a una unidad panarabista, panislámica, al establecimiento del Gran Califato o, en el caso de Irán o Turquía a sueños imperialistas que son cosa del pasado. La masa del pueblo y de la sociedad lo que realmente desean es mejorar su bienestar, disponer de mayores y más atractivas oportunidades económicas, tener un buen sistema educativo, mejorar los niveles de desarrollo en todos los órdenes, que rija el imperio de la ley y que esta sea igual para todos en sus respectivos países.

El tratado objeto de este punto encaja a la perfección dentro de esas aspiraciones y ese esquema mental. Las masas que antaño tomaban las calles ya no creen que la causa palestina sea merecedora de más esfuerzos y atención que su propia lucha por alcanzar un futuro mejor en sus naciones.

Y, este dato es muy importante, a pesar de la opacidad del régimen de los ayatolás, en Irán, la población es cada vez menos sumisa a unas políticas que llevan al país a una serie de conflictos permanentes y sin visos de finalización que provocan un derroche de los recursos del país para mantenerlos.

Justo dos días después del anuncio del acuerdo de paz, Emiratos Árabes Unidos levantó la prohibición de la comunicación telefónica con Israel, siendo el ministro de asuntos exteriores hebreo, Gabi Ashkenazi y su homólogo de Emiratos, Abdullah bin Zayed los encargados de simbolizar la apertura de esta nueva línea de comunicación.

Casi inmediatamente después, un equipo del ministerio de asuntos exteriores israelí se desplazó a Abu Dhabi para comenzar a buscar posibles emplazamientos para la futura sede de la embajada de Israel.

Un importante flujo de inversiones procedentes de EAU se está canalizando hacia empresas israelíes que tratan de buscar nuevas formas de tratar la COVID19 y de desarrollar nuevas pruebas para detectar la enfermedad. El incremento de acuerdos de negocios entre empresas israelíes y de Emiratos ha sido prácticamente inmediato, y la compañía Israel Airlines está trabajando ya para abrir un corredor directo entre Tel Aviv y Abu Dhabi.

Todo ello está favoreciendo que, ante la nueva situación y los nuevos planteamientos, en Marruecos, Oman y otros países árabes se estén produciendo movimientos buscando seguir la estela de EAU. El atractivo de Israel no hace sino acrecentarse, en una significativa evolución desde el país más odiado de la región al socio más deseado.

No obstante, un factor a tener en cuenta es el impacto en EEUU y Europa. En occidente en general, la causa palestina está ganando adeptos principalmente debido al movimiento BDS. Por ello es probable que los cambios en las relaciones con Israel no sólo no logren minar ese apoyo, sino que inciten a incrementar sus esfuerzos para evitar la normalización mediante campañas de desinformación de difusión del odio hacia Israel.

Por último, la oposición de Turquía, Qatar e Irán era algo que puede calificarse de previsible, pero también es un elemento clarificador. El presidente iraní ha calificado el acuerdo de "grave error", mientras que su homólogo turco ha amenazado con cerrar la embajada de EAU en Turquía. En ambos casos la razón última de esta reacción es la misma: la utilización de la causa palestina en beneficio de sus propios intereses, y casualmente ambas son en esta ocasión coincidentes, distraer a la opinión pública de la difícil situación económica que por diferentes motivos los dos países están atravesando.

Política Regional

El elemento más importante y perdurable en el tiempo en la política exterior y de seguridad de EAU lo constituyen sus alianzas estratégicas con EE. UU. y Arabia Saudí. A pesar de que durante la última década Emiratos ha seguido una línea más independiente, los hechos acontecidos y esta nueva dirección no habrían sido posible sin el apoyo de EE. UU., en cuya protección confía el pequeño pero rico y al mismo tiempo poco poblado Estado y con quien pueden contar a la hora de exportar sus recursos energéticos en el supuesto de un conflicto.

Incluso durante la época de la administración de Obama, cuando las relaciones se enrarecieron debido a la política que tomo EE. UU. en relación con los sucesos de la "Primavera Árabe" y con respecto a Irán la alianza estratégica entre ambas naciones se mantuvo.

La claramente definida política anti iraní del gobierno liderado por Donald Trump, equivalente a la de EAU facilitó una mejora rápida de las relaciones de nuevo, y la nueva administración norteamericana vio en Emiratos un pilar fundamental en el que cimentar su política en Oriente Próximo. De ese modo, en la actualidad, junto con Israel y Arabia Saudí, los Emiratos Árabes Unidos son el principal aliado de EE. UU. en la zona.

Al contrario que lo sucedido con EE. UU., Arabia Saudí se convirtió en un socio estratégico de la nueva política regional EAU durante los mandatos de Obama. En realidad, ambas naciones han mantenido estrechos lazos desde el nacimiento de los Emiratos en 1971, pero como era lógico, el nuevo y joven estado se mantuvo a la sombra de la otra nación, más asentada y siguiendo las políticas de su "hermano mayor".

Esta situación cambió con la subida al poder de Mohamed BinZayed quien, desde 2011 se empeñó en abanderar una línea política de acciones conjuntas en la región que a la postre han sido decisivas. MbZ encontró a su contraparte perfecta en el príncipe saudí Mohamed Bin Salman, quien gradualmente, desde 2015 fue tomando las riendas como la cabeza visible de la política de Arabia Saudí. Llegando a tal extremo que en ciertos casos como los de Yemen y Qatar el liderazgo y empuje de EAU parece haber sido la fuerza aglutinadora de las políticas regionales conjuntas.

Alianzas

- Estados Unidos

El papel de EE. UU. como aliado de EAU se remonta a comienzos de los años 80. Justo después de la revolución iraní de 1979, que supuso la pérdida de su más importante aliado en la región y del comienzo de la guerra Iran-Irak.

No obstante, fue la guerra del golfo de 1990-1991 la que, con la invasión de Kuwait por parte de Irak el día 2 de agosto de 1990 mostró a EAU lo vulnerables que eran los pequeños Estados del golfo ante una agresión militar por parte de cualquiera de sus poderosos vecinos.

Con la finalidad de asegurarse la protección, y de la misma manera que otros países de la región, EAU favoreció durante los años posteriores a la guerra el aumento de la presencia de EE. UU. en su territorio. Todo ello concluyó con un acuerdo bilateral de seguridad firmado en julio de 1994. Mediante este, Estados Unidos recibían acceso a las bases aéreas y puertos de los Emiratos y en contraprestación se comprometía a proteger al país de posibles agresiones externas. Lo interesante, y que da una medida de cómo ha evolucionado la situación es que el acuerdo permaneció en secreto a petición de Abu Dhabi por el temor de EAU a las posibles críticas y protestas tanto internas como por parte de Irán.

Inicialmente, EAU solo que un aliado más de los EEU en el Golfo Pérsico. Sin embargo, su importancia como socio fue incrementándose entre 1990 y 2000, en parte debido al puerto de Jebel Ali, el cual fue se convirtió en la base más usada por la US Navy fuera de su país y a la base aérea de Al Dhafra, instalación clave para las actividades de EE. UU. en la región.

Además, desde finales de la década de los 90, EAU inició un proceso para mostrarse ante su nuevo aliado como un socio fiable y más relevante aumentando en cantidad y nivel su cooperación. Siguiendo esa línea, fuerzas militares de Emiratos han participado en todas las grandes operaciones de EE. UU. en Oriente Próximo, desde la Guerra del Golfo en 1991 a Somalia en 1992, Kosovo en 1999, Afganistán desde 2002, Libia desde 2011y Siria (en el marco de la lucha contra el Daesh), entre 2014 y 2015. Sólo se evitó por parte de Emiratos y de una forma muy vehemente, la participación en la invasión de Iraq en 2003. De esta implicación las Fuerzas

Armadas de EAU han obtenido una gran experiencia sobre el terreno que ha redundado en su eficacia y profesionalidad.

Esta implicación en las no pocas veces controvertidas acciones militares de EE. UU. en países árabes ha supuesto, indudablemente un elemento fundamental para Estados Unidos. No sólo por lo que supone desde el punto de vista de la imagen y la narrativa que al menos un país musulmán les apoyara, sino porque la contribución de Abu Dhabi no se ha limitado al aspecto militar. Organizaciones humanitarias han actuado en paralelo con la finalidad de ganar el apoyo de la población allá donde se intervenía invirtiendo enormes cantidades de dinero. El ejemplo más claro es Afganistán, país en el que Emiratos ha gastado millones de dólares en proyectos humanitarios y de desarrollo para ayudar a la estabilización del país, al mismo tiempo que proporcionó un pequeño contingente de fuerzas de operaciones especiales en la especialmente peligrosa zona sur del país desde 2003. Además, entre 2012 y 2014 ampliaron su despliegue con seis aviones F16 para apoyar las operaciones aéreas contra los talibanes. Incluso cuando EEUU comenzó su retirada gradual después de 2014, las tropas de Emiratos continuaron en Afganistán.

Lograr que EAU se adhiriera a la causa de la lucha contra los yihadistas no fue tarea difícil en absoluto, pues sus líderes sienten una especial aversión a cualquier forma de extremismo religioso que afecte al Sistema político dentro del Islam.

Lograr que EAU se adhiriera a la causa de la lucha contra los yihadistas no fue tarea difícil en absoluto, pues sus líderes sienten una especial aversión a cualquier forma de extremismo religioso que afecte al Sistema político dentro del Islam, y esta es la principal razón para que su Fuerza Aérea se implicara en la coalición liderada por EEUU contra el Daesh en Siria entre 2014 y 2015. Hasta tal punto que después de los aparatos norteamericanos, fueron los procedentes de EAU los que llevaron a cabo más salidas contra objetivos yihadistas.

Pero no se limitó la colaboración a EE. UU. Tanto Australia como Francia tuvieron a su disposición las bases aéreas de los emiratos para llevar a cabo sus operaciones.

Sólo la ruptura abierta de hostilidades y la implicación de EAU en la Guerra de Yemen de 2015 redujo su participación en la lucha contra el Daesh.

Pero no todo ha sido fácil. La invasión de Iraq en 2003 produjo profundas reticencias en EAU que lo considera un grave error. Su temor era que dicha intervención terminara por aumentar la influencia de Irán sobre Irak o derivara en una Guerra civil, lo cual desestabilizaría toda la región.

Los temores se vieron cumplidos cuando en 2005 una coalición chiita próxima a Irán ganó las elecciones y estalló la Guerra dejando a EAU de manos atadas para tartar de influir de algún modo en la situación.

Su mayor preocupación entonces era que una prematura retirada de todas las fuerzas de EE. UU. complicara aún más la situación.

La renovada relación con la administración Trump ha llevado a la firma de un nuevo acuerdo de seguridad y cooperación firmado en 2017.

En contraste con lo sucedido en 1994 los contenidos de este han sido hechos públicos, y hacen referencia principalmente a la presencia de tropas de EEUU en suelo emiratí de manera permanente. El acuerdo así mismo abarca el adiestramiento de las Fuerzas Armadas de Emiratos y la realización de ejercicios conjuntos de manera periódica.

Gracias a este acuerdo la presencia de EE. UU. en Emiratos es más numerosa que nunca.

Actualmente hay unos 5000 hombres desplegados entre la base aérea de Al Dhafra, el puerto de Jebel Ali y en algunas otras pequeñas bases o estaciones navales.

Sólo en la mencionada base aérea hay 3500 hombres, y desde allí operan aviones de combate F-15, F-22 y F-35, además de aparatos de reconocimiento y UAV.

Por su parte, EAU ha continuado desarrollando sus propias capacidades militares adquiriendo material de fabricación norteamericana, principalmente sistemas antiaéreos (Patritot y THAAD) y aviones de combate (110 F-16).

Desde hace un par de años EAU ha mostrado gran interés por hacerse con el Nuevo F-35, aunque las negociaciones, no exentas de ciertas reticencias aún continúan.

En 2018 surgieron problemas para el suministro de municiones de precisión guiadas tanto a EAU como a Arabia Saudí, dado que ambos países las estaban usando en la Guerra de Yemen. El asesinato del periodista Saudí Jamal Kashoggi agravó la resistencia del congreso de EE. UU. forzando al presidente Trump a usar su derecho de veto para poder mantener el suministro. Esto da una medida de cuan determinante es la actitud de la actual administración en relación con ambos países.

A pesar de todas las dificultades mencionadas, la actual administración norteamericana ha redoblado sus esfuerzos para apoyar a EAU en sus políticas regionales, pues son coincidentes con los objetivos de EE. UU.

El primer objetivo ha sido construir una alianza anti-Irán entre estados de Próximo Oriente que incluye a EAU como socio clave junto con Arabia Saudí y Egipto. Este plan es totalmente coincidente con la aspiración de Abu Dhabi de cobrar cierto liderazgo en la región, y tiene visos de prosperar, ya que EAU probablemente apoyará a EE. UU. en una solución para el conflicto palestino que está bastante en línea con la propuesta israelí.

- Arabia Saudí

Arabia Saudí es hoy el aliado más importante de EAU en la región. Ambos estados se financian gracias a las exportaciones de crudo y ambos tienen las mismas reticencias a las ambiciones expansionistas de sus poderosos vecinos, especialmente Irán.

No obstante, durante mucho tiempo, a pesar de esta alianza, EAU ha temido que Arabia Saudí, valiéndose de su desigual tamaño tanto en población como en fuerza militar y en capacidad de producción de petróleo tratara de mantener una posición hegemónica en el Golfo Pérsico.

En 1981, los países del Golfo Pérsico aprovecharon la oportunidad para crear una alianza que excluyera a las por entonces principales potencias regionales. Así, Bahrein, Kuwait, Oman, Qatar, Arabia Saudí y EAU crearon el Consejo de Cooperación para los Estados Árabes del Golfo[30] (GCC en

[30] **CONSEJO DE COOPERACIÓN DEL GOLFO**: Organismo fundado el 25 de mayo de 1981. Conformado por Baréin, Kuwait, Omán, Catar, Arabia Saudita y los Emiratos Árabes Unidos. Los objetivos básicos con los que se creó fueron los de efectuar la coordinación, la integración y la interconexión entre los Estados miembros en todos los campos, reforzando lazos entre sus pueblos, formulando regulaciones similares en varios campos como la economía, finanzas, el comercio,

sus siglas en inglés). Dicho Consejo disponía de una fuerza militar conjunta que nunca alcanzó una entidad significativa. La mayor prueba de la debilidad del GCC y su ineficacia fue la invasión de Kuwait por parte de Irak sin oposición alguna por el ente supranacional.

Como resultado de lo anterior EAU depositó en EE. UU. la confianza para su protección, el único país que aunaba la voluntad y la capacidad de llevar a cabo la tarea de defender al pequeño Estado frente a potenciales agresiones extranjeras.

La consecuencia a nivel regional viene marcada por la convergencia de intereses de Arabia Saudí y EAU, los cuales entre 2011 y 2019 han perseguido objetivos políticos regionales comunes apoyándose si es necesario en sus capacidades militares.

Como ejemplo tenemos la petición de ayuda de Bahrein al GCC en 2011 cuando sus gobernantes se sintieron amenazados por los movimientos de protesta chiitas. No obstante, su intervención más relevante fue el apoyo al golpe de estado en Egipto contra el presidente Mohamed Morsi y los Hermanos Musulmanes en 2013.

- India

---

la aduana, el turismo, la legislación, la administración, así como el progreso técnico en la industria, la minería, la agricultura, recursos de agua y de animal, el establecimiento de centros de investigación científico y la cooperación del sector privado.

Las relaciones sociopolíticas y económicas entre los miembros del GCC y la India siempre han sido muy estrechas, y han estado basadas en el entendimiento de que un entorno seguro y estable tanto política como socialmente en el entorno del Golfo Pérsico y en el subcontinente indio son factores críticos para el desarrollo de los respectivos países y sus lazos transregionales.

Desde la perspectiva de la India, la mejora de su desarrollo tecnológico y económico va en consonancia a la capacidad de Nueva Delhi para afianzar sus alianzas en todo el mundo. A este respecto, los países del Golfo Pérsico y especialmente EAU son considerados un puente de acceso al conocimiento, capacidades, recursos y mercados para mejorar ese desarrollo.

En 2016, las hasta entonces relaciones bilaterales entre ambos países se formalizaron en un acuerdo de cooperación estratégica denominado CSP (Comprehensive Strategic Partnership)

Para EAU India es un país moderno, un fenómeno político independiente de occidente que mantiene fuertes raíces religiosas y tradicionales sin renunciar a su diversidad. En cierto modo y con algunas reservas, para EAU es un espejo donde mirarse.

El acuerdo de cooperación es transversal y se refiere a asuntos tan diversos como lucha contra el terrorismo, intercambio de información e inteligencia, medidas para luchar contra el lavado de dinero, ciberseguridad, así como cooperación en materia de defensa, ayuda humanitaria etc.

En el aspecto más económico la iniciativa incluye acciones concretas que faciliten el comercio y las inversiones, con el compromiso de EAU de alcanzar el objetivo de 75 mil millones de dólares para apoyar el desarrollo de infraestructuras de nueva generación en la India, especialmente ferroviarias, puertos, carreteras, aeropuertos y parques industriales.

En lo que se refiere al sector energético el acuerdo contempla la participación de EAU en la modernización del sector petrolífero en todas sus ramas, teniendo en cuenta el desarrollo de una reserva estratégica.

Es muy significativa la parte que trata sobre el desarrollo de tecnología para el uso pacífico de la energía nuclear, así como la cooperación en el sector aeroespacial incluyendo el desarrollo y lanzamiento conjunto de satélites, así como de la infraestructura necesaria de control en tierra y todas las aplicaciones necesarias.

En la actualidad la India tiene unos lazos socioeconómicos crecientes y multifacéticos tanto con Israel como con los países del Golfo Pérsico, y en especial con EAU. La diáspora de trabajadores indios en el Golfo Pérsico supone unas remesas anuales de casi 50 mil millones de dólares. Las relaciones comerciales dejan a las arcas del país asiático más de 150 mil millones de dólares y casi dos tercios de los hidrocarburos que necesita el país proceden de esa región. Por ello es evidente que la nueva situación es vista con especial interés desde esta parte del mundo, valorando oportunidades y posibles amenazas.

Evidentemente, cualquier acuerdo como este que suponga al menos a priori más estabilidad y una normalización de relaciones siempre será beneficioso, pero también hay que tener en cuenta sus puntos débiles y la posible evolución de la situación.

Así pues, desde el punto de vista geopolítico, India ha acogido con buenos ojos el restablecimiento de relaciones entre EAU e Israel, toda vez que ambos son socios estratégicos.

El nuevo panorama que se abre entre Israel y el GCC parece acercar una solución moderada y consistente para el problema Palestino, haciendo mucho más fácil el trabajo de la diplomacia india.

Pero hay que ser cautos, y especialmente en esta zona del planeta nada es de un solo color. Este esperanzador acuerdo puede tener un efecto perverso que polarice aún más a los sectores yihadistas del mundo árabe enfrentándolos más aún si cabe al resto.

La posibilidad de que la región del Golfo Pérsico se convierta en el nuevo campo de batalla donde se enfrenten los proxies de Irán e Israel no puede descartarse por completo, especialmente en aquellas zonas controladas por los chiitas. No obstante, no es por el momento una opción probable.

Pero para India, tiene mucha más importancia si cabe gestionar las implicaciones económicas del nuevo tratado. Con la cooperación en defensa y seguridad como pilares fundamentales, ambas partes comienzan ahora a contemplar el verdadero potencial económico que se abre al complementar sus economías.

Conclusiones

La irrupción de EAU como una potencia geopolítica emergente en Oriente Próximo ha sido algo tan sorprendente como precipitado, pues no hace tanto los observadores internacionales no daban demasiada esperanza de vida a la nueva federación de pequeños estados que acababa de nacer.

Por el contrario, EAU y Abu Dhabi, su mayor y más próspero emirato, en particular, ha ido incrementando su posición durante la última década jugando un papel determinante en la región. Hasta tal punto que hoy en día se considera que las acciones de EAU son las que han facilitado en cierto modo los cambios a los que estamos asistiendo.

Por lo general, los políticos occidentales se sienten deslumbrados por el liberalismo que se percibe de EAU y por la capacidad de sus elites de hablar tanto literal como figuradamente su propio idioma. Es importante que se familiaricen con el modelo de EAU en todos sus aspectos y, lo que es la clave, que entiendan que Abu Dhabi espera ser tratado por todos de igual a igual. Tratar con EAU de esta manera y considerándolo un socio robusto y fiable significa también lanzarles el mensaje de la clara intención de apoyarles.

Una de las grandes consecuencias de este acuerdo puede ser la bajada de intensidad en el conflicto palestino, si no acabando con él si limitándolo permanentemente. Durante generaciones este conflicto ha sido utilizado por líderes políticos y religiosos a lo largo y ancho del mundo árabe y musulmán para distraer su atención de otros asuntos. Era un recurso fácil y siempre a mano. Pero ahora ya se reconoce que se trata de una disputa territorial entre dos pueblos, y las futuras negociaciones no tienen más remedio que ir por ese camino, poniendo el foco en el desfasado liderazgo de los Palestinos.

Existe la nada desdeñable posibilidad de que el acuerdo alcanzado tenga un efecto dominó y arrastre a otros Estados de la zona a seguir los pasos de EAU, algo que en algunos casos sólo significaría hacer públicas las relaciones que de facto ya mantienen con el Estado de Israel.

Se conocen conversaciones entre el ministro de exteriores de Omán con su homólogo israelí justo después de la firma del tratado con EAU.

Así mismo, el primer ministro israelí mantuvo un encuentro con el líder sudanés Abdel Fattah Burhan, lo cual podría ser una señal de próximos movimientos en ese flanco también.

Aunque la filtración tuvo consecuencias para un alto funcionario sudanés, lo cierto es que el gobierno no negó los contactos.

Y todo se ha confirmado cuando al anuncio de EE. UU. de la próxima salida de Sudán de la lista de países patrocinadores del terrorismo ha seguido el acuerdo entre Israel y Sudán para normalizar sus relaciones diplomáticas.

Desde hace años, la política de EE. UU. pasa por desmilitarizar su posición Próximo Oriente, el coste de su presencia ha sido muy elevado frente a los beneficios que le reporta además de generar cierta animadversión. Tanto EE.

UU. como otros miembros del G8 apoyan a EAU como el líder económico de la región. Ese apoyo les proporciona la posición ideal para desplegar sus intereses económicos de la región (productos manufacturados, I+D+I e inversiones).

Esta posición de apoyo EE. UU./EAU (más algunos G8) fortalece el papel del país árabe en la región en materia política y por defecto militar, y de cierta forma le permite a sus nuevos aliados y valedores tener cierta influencia en organizaciones como la OPEP, CCG, LIGA ARABE) y en países vecinos, pero desde una posición más árabe y menos occidental.

Referente al asunto de la compra de los F35 por parte de EAU, es innegable que este asunto incomoda a Israel a pesar del cambio en las relaciones. El motivo principal es el temor a que se produzca una equiparación en capacidades militares que podrían ser peligrosos. No obstante, esto no será un obstáculo que el avance en los futuros acuerdos de paz y en el desarrollo de este. Una operación de tal envergadura llevaría años para materializarse y para entonces, las relaciones entre Jerusalén y Abu Dhabi se habrán consolidado. Es más, puede que incluso llegue a verse con buenos ojos por parte de Israel dado que fortalecería sus capacidades militares frente a sus principales y comunes oponentes en la región

Cada vez es más patente en el mundo árabe que Israel es demasiado pequeño como para albergar aspiraciones imperialistas, en contraste con países como Turquía e Irán. Ambos formaron antiguos imperios y parecen tener la intención de tratar de restaurar aquello que una vez lograron o fueron.

En cambio, Israel, cada vez más, es visto como un país fuerte, próspero y lo suficientemente dinámico, lo cual que convierte la cooperación con Jerusalén en un movimiento inteligente que puede proporcionar beneficios a ambas partes.

Es posible que el acuerdo entre Israel y EAU haya sido impulsado en parte por el temor de ambos a los avances de Irán y al peligro que supone. Pero los beneficios que puede proporcionarles van mucho más allá de ese asunto.

Estos se extienden a posibilidades de inversiones económicas, financieras, turismo y especialmente a compartir "know-how". EAU puede beneficiarse de la ventaja tecnológica y científica de Israel del mismo modo que Israel puede obtener rédito de la posición de EAU como centro de servicios internacionales y puerta fundamental de entrada hacia el subcontinente indio y el sudeste asiático.

En relación con la puerta de entrada al subcontinente indio, hay que tener en cuenta que para India la parte más importante del acuerdo es gestionar la faceta económica de las sinergias causadas por este.

EAU y Bahréin pueden convertirse en intermediarios de las exportaciones israelíes tanto de materias como de servicios a diversas partes del mundo.

Israel tiene una fuerte industria de defensa, seguridad y equipos de vigilancia. Es puntera en cultivos sobre terrenos áridos, energía solar, horticultura, alta tecnología joyería y productos farmacéuticos.

Es más, Israel tiene la capacidad de proveer de mano de obra muy cualificada y semicualificada a los países del GCC, especialmente si proceden de las etnias sefardí y mizrahim, muchos de los cuales hablan árabe. Incluso los árabes israelíes pueden encontrar oportunidades que ayuden a seguir tendiendo lazos y puentes que estrechen la división cultural.

La incursión de Israel en el Golfo tiene el potencial de influir en la arquitectura político-económica que India lleva años construyendo, siendo por ejemplo uno los mayores proveedores de trabajadores, productos alimenticios, farmacéuticos etc.

Los mayores clientes del mercado inmobiliario de Dubái, así como el mayor número de turistas que visitan el país proceden de la India. Pero en este cambiante escenario hay margen para establecer sinergias a tres bandas, lo cual convierte a la India en un actor principal en este.

La conclusión que se puede extraer a modo de valoración a futuro es que, sin duda, esta nueva relación será un modelo a seguir por otros Estados sunnitas que transformará una región estancada en conflictos del siglo XIX en uno de los centros de poder del siglo XXI.

Escenarios

Ante un hecho tan relevante como el relatado es de esperar que se produzcan reacciones en varias direcciones, y en función de estas la evolución de la situación puede ser diferente.

Los actores que pueden tener un papel relevante en los diferentes escenarios son EAU y la nueva alianza, Arabia Saudí, Irán, Turquía, Palestina y los Hermanos musulmanes.

No se puede olvidar que el trasfondo de este tratado es económico. Si su desarrollo tiene éxito, el aporte de estabilidad a una región largamente castigada por todo tipo de conflictos y enfrentamientos se transformará en un aumento exponencial de las operaciones comerciales, trasvase de tecnología y la apertura de nuevas rutas y colaboraciones principalmente con el sudeste asiático.

El papel de EE. UU. será determinante en cualquiera de los escenarios que puedan plantearse, pero en cualquiera de ellos su posición será minimizar la presencia física y apoyar a los firmantes del tratado con acciones políticas, económicas y de defensa mediante el suministro de material militar.

El tratado tiene una fuerte componente económica fijada en el subcontinente indio y en el sudeste asiático. Esto no es sino un signo más de cómo el centro de gravedad geopolítico mundial se está situado en la región Asia-Pacífico, y este es uno de los principales motivos del apoyo incondicional de EE. UU.

Los miembros del gobierno de EAU han considerado tradicionalmente que las ideologías y políticas islamistas más radicales suponen una amenaza existencial para los valores fundamentales del país. Tanto el régimen sectario chiita en Irán como los Hermanos Musulmanes, grupo de corte sunnita, son vistos como una amenaza constante para la estabilidad de los poderes de la región.

Para EAU estos movimientos transnacionales son un catalizador para el radicalismo en toda la región.

Por todo lo anterior se pueden plantear como plausibles los siguientes escenarios:

Escenario 1

Por el momento, los más perjudicados en sus intereses por la nueva situación son los palestinos. Personalidades relevantes de la sociedad palestina, así como altos cargos de la autoridad palestina han considerado el nuevo tratado como una traición. Como se ha mencionado, el problema palestino está pasando a un segundo plano en el mundo árabe.

Si como se vaticina, en los próximos meses más países se unen al nuevo tratado, es posible que la Autoridad Palestina trate por todos los medios de volver a llevar a la actualidad sus reivindicaciones y su lucha. Para ello contaría con el apoyo de Irán y sus proxies y de Turquía. En esta situación se empezaría por deslegitimar a los gobiernos de los países que se han alineado con EAU e Israel mediante una fuerte campaña INFOOPS a todos los niveles, con un uso masivo de redes sociales con la finalidad de movilizar a la población más sensible y afín a los palestinos. El objetivo sería promover manifestaciones y/o revueltas que crearan dudas en aquellos que aún no se han adherido al pacto. Estas dudas podrían llevar a un cambio de decisión o retraso en las nuevas adhesiones o que estos nuevos candidatos a formar parte del tratado aumentaran las condiciones relacionadas con los palestinos para sumarse al mismo. Esta opción pasa por ser la más peligrosa por la posibilidad de generar disensiones o discusiones internas que llevaran a una implosión de este.

Puede considerarse un escenario probable de intensidad media/baja.

Escenario 2

La posición que tome Arabia Saudí es clave. Y será determinante para calibrar la reacción de Irán. En el ecosistema de Próximo Oriente Irán es la potencia que más tiene que perder con esta nueva alianza. No puede olvidarse la lucha que existe dentro del mundo musulmán por tener la hegemonía de este. Y esta lucha, que no deja de ser religiosa, pues enfrenta a chiitas y sunnitas tiene como principales protagonistas a Irán y Arabia Saudí.

Arabia Saudí es posible que se una al tratado, pero dada la situación y en un intento de no tensar más la cuerda con su principal enemigo puede tomar la decisión de no unirse al mismo, pero apoyarlo desde fuera con acuerdos puntuales o bilaterales. Siempre en sintonía y coordinación con el resto de los países árabes miembros del mismo, que harían de puente para sus relaciones con Israel. Sería un modo de lavar la cara y evitar el reconocimiento expreso del Estado de Israel o sus relaciones directas con este. Hay que tener en cuenta las bolsas de mayoría chiita que hay en el país y que podrían ser espoleadas por Irán.

No obstante, y planteando el peor de los casos, Irán reaccionará a través de sus proxies, recrudeciendo su actividad en Yemen, tratando de promover protestas y revueltas dentro de Arabia Saudí, reforzando su apoyo a Hamás en Palestina y a Hezbollah en el Líbano e incluso a sus milicias en Irak.

El apoyo a las protestas que ya se han producido en Sudán formará también parte de esta campaña. Sudán es un país muy inestable, de mayoría chiita y con unas estructuras de poder muy débiles que difícilmente podrán sofocar revueltas de alta intensidad.

El objetivo sería incendiar la región bajo la pantalla del apoyo al pueblo palestino con la finalidad de disuadir más adhesiones al tratado, así como la eficacia de este dando la imagen de inestabilidad e inseguridad en la región. Ello hará desistir a posibles inversores de acercarse a EAU atraídos por las enormes posibilidades económicas que ofrece al tiempo que mantiene a Arabia Saudí ocupada con su flanco sur y sus problemas internos. No es descartable alguna acción sin autor claro o reconocido contra los buques que transitan por el Golfo, como ya ha sucedido anteriormente, o el abordaje de alguno por parte de fuerzas iraníes bajo cualquier tipo de acusación o argucia legal. Acciones directas que involucren a fuerzas iraníes no son probables.

Turquía puede involucrarse proporcionando armas, tecnología e incluso combatientes mercenarios a cualquiera de las facciones que actúan como proxy de Irán.

Este escenario puede considerarse como posible y de intensidad media

Escenario 3

Irán necesita que o bien los gobiernos o bien la población de los diferentes países de Próximo Oriente continúen viendo en Israel a su principal enemigo y amenaza. Entre otros motivos porque es una narrativa de consumo interno que utiliza recurrentemente para desviar la atención de su propia población de otro tipo de problemas. Hasta el momento el elemento aglutinador de esa forma de ver a Israel ha sido el conflicto palestino. Por lo tanto, es probable que se lleven a cabo acciones que provoquen una reacción de Israel. Estas acciones pueden ser dentro del propio Estado de Israel procedentes desde territorio palestino o libanés, siempre a cargo de los proxies de Irán. No se puede descartar alguna provocación que tenga como resultado un ataque de Israel sobre territorio árabe, seguramente contra Irán o Siria. El objetivo final no sería el Estado hebreo sino minar las bases del tratado, crear malestar social en los firmantes, evitar la adhesión de Arabia Saudí y volver a poder utilizar el conflicto palestino en su propio interés.

Este es un escenario posible y de alta intensidad.

Corolario

Como se mencionaba en el artículo, tras la firma del acuerdo otros países han dado el paso de reconocer el Estado de Israel, entre ellos Sudán y Marruecos. En referencia al reino alauita, será muy interesante, por las implicaciones que puede tener para España, observar la reacción de los grupos islamistas marroquíes, uno de los países por cierto que más combatientes extranjeros ha aportado al Daesh.

En lo que se refiere al planteamiento de los posibles escenarios, al revisar el escrito se aprecia la omisión de un factor muy importante. Los acuerdos de Abraham han sido una apuesta de la administración Trump, sin embargo, no se tuvo en cuenta la posibilidad de un cambio en la presidencia de EE. UU. como así ha sucedido. La posición que tome el nuevo presidente norteamericano sobre este pacto y la política del nuevo gobierno hacia la región serán sin duda determinantes en el éxito o fracaso del pacto.

Aunque como suele ser habitual, ninguno de los tres escenarios se está materializando al cien por cien, y podemos observar rasgos de cada uno de ellos, por el momento todo indica que la situación se inclina hacia el segundo de los planteados.

Arabia Saudí no ha dado aún el paso, en parte por disensiones al respecto en la familia real, motivadas principalmente por el tema palestino. Sin embargo, de un modo discreto el acercamiento es evidente.

Al mismo tiempo, los rebeldes hutíes, brazo armado de Irán en Yemen han reanudado sus ataques sobre suelo saudí, tomando como objetivo incluso aeropuertos civiles. Irán así mismo ha vuelto a hostigar e incluso apresar petroleros en el Golfo Pérsico, y ha anunciado su firme intención de continuar con su programa nuclear al mismo tiempo que ha llevado a cabo con una gran cobertura mediática ejercicios militares de gran envergadura.

La situación actual podría considerarse de calma tensa. La euforia inicial parece haberse atenuado y todo se mide ahora con más cuidado. Los principales actores están midiendo sus movimientos, la región continúa siendo muy inestable y nadie quiere dar un paso que dé al traste con las expectativas creadas.

Bibliografía

- The Begin-Sadat Center for Strategic Studies. Bar-Ilan University, "The Israel-UAE Peace: A Preliminary Assessment" Israel, Septiembre 2020

- The Royal Institute of International Affairs, Chatham House Middle East and North Africa Programme. Peter Salisbury,

"Risk Perception and Appetite in UAE Foreign and National Security Policy", Julio 2020

- German Institute for International and Security Affairs. Guido Steinber, "Regional Powers, United Arab Emirates". Berlin Julio 2020

- Arab Center for Research and Policy studies, "The Abraham Agreement: normalization of relations or announcement of an existing Emirati - Israeli alliance?". Qatar, Agosto 2020

- Arabinda Acharya, "COVID-19: A Testing Time for UAE–India Relations? A Perspective from Abu Dhabi", Strategic Analysis. Septiembre 2020

4. Rusia

La OTAN frente a Rusia. El fin de la disuasión

La Guerra Híbrida. Un reto para Occidente

El Ártico, la gran baza rusa (I)

El Ártico, la gran baza rusa (II)

LA OTAN FRENTE A RUSIA. EL FIN DE LA DISUASIÓN

Publicado en Campus CISDE 17 de junio de 2015

https://observatorio.cisde.es/archivo/la-otan-frente-a-rusia-el-fin-de-la-disuasion/

Antecedentes

En el año 2015 se produjo la anexión de Crimea por parte de Rusia, y con ese hecho se popularizó el concepto de Guerra Híbrida.

Esta acción rusa suscitó diversos debates sobre la posibilidad de que la misma se repitiera en otras zonas tales como las repúblicas bálticas y cómo reaccionaría en ese caso la Alianza Atlántica.

Con este artículo se pretendía arrojar algo de luz a ese debate y poner de manifiesto algunas de las principales debilidades de la OTAN a la hora de plantearse como hacer frente a ciertas amenazas, debilidades que podrían llevar a la fractura de la organización.

LA OTAN FRENTE A RUSIA. EL FIN DE LA DISUASIÓN

Hace algo más de dos meses se cumplía el primer aniversario de lo que podríamos considerar la culminación de la primera fase de una operación perfectamente calculada y planeada. Me estoy refiriendo a la anexión por parte de Rusia de la península de Crimea.

Mucho se ha hablado sobre la osadía rusa al desafiar de un modo flagrante y descarado la legalidad internacional invadiendo un país vecino y anexionándose una parte de este al tiempo que, apoya a los separatistas que luchan por segregar la zona Este del mismo.

Pero algo sobre lo que parece no haber reflexionado nadie, ha sido sobre lo complejo de dicha operación, y más aún sobre la posibilidad de que una operación similar pueda haber comenzado ya, sólo que algo más al norte.

Una acción de tal magnitud no puede improvisarse bajo ningún concepto. Ha de ser meticulosamente preparada y coordinada. Y después de ver como se llevó a cabo, es más que evidente que lo que sucedió hace algo más de un año fue simple y llanamente la ejecución de la última fase de esta, pero la operación en sí hubo de iniciarse varios meses antes.

La duda, a mi entender, estriba en si se aprovechó una situación favorable para sacar de un cajón dicho plan, o si por el contrario dichas condiciones necesarias para su activación, fueron establecidas de un modo intencionado como parte inicial de ese plan.

Pero ya fuese de un modo u otro, lo que está fuera de toda duda es que esa vieja aspiración rusa estaba plasmada negro sobre blanco esperando el momento adecuado.

Sea como sea, la concusión obtenida nos lleva a plantearnos otras preguntas de inquietante respuesta.

¿Qué ha llevado a Rusia a activar dichos planes?

Y no me refiero a los grandes razonamientos de índole económica o de balance de poder que indudablemente están detrás de todos estos acontecimientos, sino a los factores que han ayudado a que Rusia se crea legitimada para dar ese paso.

Entre esos factores tenemos en primer lugar la división interna, más o menos acentuada según el momento o el asunto específico, que domina tanto a la UE como a la OTAN. Esa falta de unión muestra la debilidad de aquellos que podrían hacer que Rusia dudase de llevar a cabo según qué acciones. Pero Rusia es perfectamente conocedora de dichas divisiones, y sabe perfectamente de la dificultad de lograr en el seno de ambas instituciones no ya unanimidad, sino la más elemental unidad de acción. Y como ejemplo más cercano y aplicable al caso tenemos la gran dificultad de lograr acuerdos sobre las sanciones a aplicar a Rusia por su acción en Ucrania.

A lo anteriormente mencionado hemos de añadir el factor militar. Actualmente el poderío militar ruso es muy superior al de Europa, y en algunos aspectos al de la OTAN en su conjunto. Esta afirmación, que puede resultar sorprendente o incluso atrevida tiene su fundamento cuando se tiene en cuenta no sólo el número de fuerzas en activo, sino las que permanecen en reserva y las capacidades de movilización. Y del mismo modo ocurre cuando nos referimos al material. Solo por poner un ejemplo, por no aburrir con cifras interminables, nos referiremos al número de carros de combate. Rusia tiene actualmente en servicio 2750 carros, sin duda menos de los que teóricamente tienen los países europeos de la OTAN (a pesar de que países como Holanda se han deshecho de todo su parque de carros de combate). Pero estas cifras tienen doble cara, pues Rusia no sólo mantiene aproximadamente 15000 carros más en reserva, sino que la otrora superioridad tecnológica de los sistemas de armas de la Alianza parece estar ahora del lado ruso. Por continuar con los carros de combate sólo citar la reciente entrada en producción del T-14 Armata, el único carro de 5ª generación en servicio en el mundo y que en pocos años va a formar la espina dorsal de las fuerzas acorazada rusas.

Esa manifiesta superioridad está avalada por tres factores:

El constante incremento del gasto en defensa durante los últimos años, justo lo contrario de lo que han hecho los países europeos integrantes de la OTAN. Y las cifras son incontestables, mientras que en el periodo 2008 – 2012 el presupuesto de defensa de los países europeos integrantes de la OTAN disminuyó un 13.5%, y la tendencia continúa siendo a la baja, en el periodo 2008 – 2013 Rusia incrementó su gasto en defensa en un 30%, siendo la tendencia prevista al alza.

El desarrollo de nuevos sistemas de armas (como el mencionado carro T-14 y toda la serie de vehículos basados en la misma plataforma, pero al que hay que añadir las nuevas piezas de artillería autopropulsada con un alcance de 80km, el avión de combate PAK 50, etc.)

Y por el retroceso en la formación y preparación de los ejércitos occidentales cuando a su empleo en un escenario convencional nos referimos.

Este último factor es consecuencia directa de la intervención en Afganistán. Durante más de diez años los ejércitos occidentales se han formado, preparado y equipado para luchar contra un enemigo asimétrico, al tiempo que los gobiernos adaptaban los presupuestos de defensa a atender prioritariamente las necesidades de este tipo de escenarios, y ahora hemos de afrontar las consecuencias.

La evidencia de esa superioridad es percibida claramente por Rusia como una debilidad de Europa, que no sólo la teme por lo que en sí significa, sino porque es muy consciente de que ningún país estaría dispuesto a asumir el coste de un conflicto bélico por muy legítimo que este fuera.

Es decir, la Alianza frente a Rusia ha perdido su principal baza, la disuasión.

Por último y entrando más de lleno en el campo militar, y una vez que hemos dejado patente la inferioridad en este campo de Europa en su conjunto frente a Rusia sería interesante plantearnos un escenario posible, aunque por ahora no probable.

Todos conocemos la situación del enclave ruso de Kaliningrado. Y del mismo modo conocemos la vieja aspiración rusa de poder unirlo por tierra con el resto del país.

A ello hemos de unir la afrenta que ve Rusia en la integración de los países bálticos en la OTAN.

Con todos estos datos tenemos una combinación perfecta para imaginar una situación similar a la creada en Ucrania, pero con una diferencia. Cualquier acción sobre esos países sería una acción contra un país miembro de la OTAN, lo cual provocaría automáticamente la invocación por parte de los afectados del artículo 5 del tratado. Pero los mecanismos de la Alianza son tan lentos y dificultosos que cuando se estuviera en condiciones de dar una respuesta a la hipotética acción, sería demasiado tarde, y entonces estaríamos hablando no de evitar que Rusia lograra su propósito, sino de recuperar aquello que ya habría ganado. Y esto inevitablemente llevaría a un conflicto mucho más costoso en todos los términos, algo que suscitaría a buen seguro divisiones en el seno de la Alianza, la cual quedaría herida de muerte desde el mismo momento en que uno solo de sus miembros no estuviera dispuesto a cumplir con sus obligaciones.

El resultado final y concreto de este hipotético escenario no podemos adelantarlo, lo que sí podemos asegurar es que en términos generales sería una victoria para Rusia.

Lo más preocupante de todo lo expuesto es que Rusia tiene los dos elementos fundamentales y necesarios para seguir adelante. Por un lado, y como he mencionado, tiene la capacidad, y por otro, como ha dejado patente en Ucrania, tiene la voluntad. Y no solo eso, sino que ha comprobado que puede emplear la fuerza para anexionarse territorios, modificar fronteras y alcanzar sus objetivos sin que nadie trate de impedírselo.

Por lo que en el preciso momento en que considere que se dan las circunstancias adecuadas, volverá a hacerlo sin dudarlo.

Bibliografía

- EL GASTO EN DEFENSA EN LA OTAN Francisco Pérez Muinelo. www.Ieee.es Julio 2013
- https://www.iiss.org/en/militarybalanceblog/blogsections

Corolario

Como respuesta a las acciones rusas y consciente de la debilidad del flanco Este, la OTAN inició en 2015 diversas acciones que reforzaran su capacidad de disuasión. Por un lado, la misión EfP (Enhanced Forward Presence) en Letonia mediante la cual un grupo de combate acorazado de entidad brigada compuesto por varios países entre los que se encuentra España, mantiene una presencia permanente con más efecto simbólico como gesto del compromiso de la OTAN con sus aliados que eficacia real en caso de un posible ataque convencional. Por otro, ha desplegado en Estonia un grupo de cazas que ejercen acciones de policía aérea para controlar las más que frecuentes incursiones de aeronaves rusas en el espacio aéreo de las repúblicas bálticas. En esta operación también participan en turnos rotatorios cazas españoles.

Así mismo toda la estructura de mando y control en el este de Europa ha sido transformado y acondicionado para transformarse rápidamente en estructuras de mando y control tácticas capaces de dirigir a unidades multinacionales de entidad División y superior si llegado el caso hubieran de desplegar sobre el terreno.

Ambas operaciones como se ha mencionado tienen más de apoyo moral que de eficacia real, sin embargo, han servido para que al menos por el momento no se produzcan movimientos similares a lo sucedido en Crimea, si bien es cierto que la actividad de los servicios de inteligencia rusos es permanente y las campañas prorrusas y de apoyo a su población son una constante. En este flanco se está librando una auténtica guerra de la información. Pilar de las nuevas formas de conflicto bélico que veremos desarrolladas en los siguientes artículos.

LA GUERRA HIBRIDA. UN RETO PARA OCCIDENTE

Publicado en Atalayar nº 15   28 de mayo de 2019

https://atalayar.com/content/la-guerra-h%C3%ADbrida-un-reto-para-occidente

Antecedentes

Los acontecimientos de Crimea, que por circunstancias me tocó vivirlos muy de cerca pusieron de relieve ante el mundo una nueva forma de hacer la guerra. Esa nueva realidad ha cambiado la percepción de los conflictos, y ha hecho que los ejércitos de todo el mundo adapten sus estructuras y capacidades a nuevas formas de enfrentamiento. En la actualidad todo es más confuso, la delimitación entre guerra y paz no es tan clara o evidente y ello ha dado lugar no sólo al concepto de guerra híbrida como reza el título, sino al concepto de “Zona Gris”, que por sí sólo define la nueva situación. Todas las organizaciones militares y todos los Estados han creado grupos de trabajo que estudian este fenómeno, y se afanan en tratar de identificar los indicadores que alerten de una agresión en este nuevo y difuso entorno.

LA GUERRA HÍBRIDA. UN RETO PARA OCCIDENTE

No deja de producir asombro con qué facilidad olvidamos situaciones, conflictos o problemas en torno a lo que hace solo unos días parecía girar el mundo. Lo rápido que esos eventos pasan a la interminable lista de "conflictos olvidados".

Extrañamente pocos parecen ya recordar un enfrentamiento que se está desarrollando a las puertas de Europa y cuyo último episodio trascendente tuvo lugar hace pocos días, materializado en las elecciones presidenciales del 31 de marzo en Ucrania.

Otros escenarios han sido y siguen siendo portada: el DAESH cuando estaba en su apogeo, o ahora que se proclama a los cuatro vientos su derrota (mejor sería limitarse a hablar de la pérdida de control de territorio en Irak); Venezuela, o lo que parecen los síntomas de una nueva "primavera árabe" iniciada con los acontecimientos en Argelia, algo que no deberíamos de perder de vista por las profundas consecuencias que puede tener para todo el norte de África y por ende para España.

Pero este no es el objeto de estas líneas. Sólo es una reflexión a cuán corta es nuestra memoria.

Volviendo al conflicto de Ucrania, estoy seguro de que a no pocos sorprendería saber que los combates no han cesado ni un sólo día desde el momento en que este asunto desapareció de los medios de comunicación. El conflicto sigue vivo, activo, y sus consecuencias siguen siendo imprevisibles por las implicaciones que tiene en las relaciones entre Europa y Rusia y por su relación con otros elementos de fricción latentes, como son la situación de las repúblicas bálticas, la expansión de la OTAN, el enclave de Kaliningrado o la política rusa en al Ártico. Asuntos todos ellos de los que con seguridad oiremos hablar a medio plazo, siendo entre todos de especial interés el referente al Ártico y al que dedicaremos varios espacios próximamente.

Con la ocupación de Crimea y los sucesos de Ucrania en 2014 y 2015 se puso en evidencia que una nueva forma de hacer la guerra se había materializado. Fue lo que podríamos llamar la presentación en sociedad de lo que se ha venido en llamar la "guerra híbrida". Un concepto desarrollado y puesto en práctica por Rusia con asombrosa eficacia. Tanto es así que el éxito de la operación de Crimea le llevó a iniciar las fases iniciales de esa nueva forma de operar en las repúblicas bálticas e incluso Polonia, obligando a la OTAN a replantearse su estrategia y a redesplegar fuerzas en su flanco este.

Por todo ello voy a comenzar tratando de arrojar algo de luz sobre el nuevo tipo de guerra al que nos enfrentamos.

Cuando nos referimos a Rusia no podemos olvidar que se trata de una cultura sustancialmente diferente a la nuestra, un país cuya evolución histórica ha ido conformando una visión del mundo y de la política bastante alejada de la occidental.

En primer lugar, hay que tener en cuenta que lo político y lo militar van íntimamente unidos, y que habitualmente, en su visión estratégica, ambas líneas de acción se entremezclan sin ambages y sin los complejos o reticencias que podemos encontrar en Europa occidental.

Por ello es preciso comenzar fijando la mirada en el pensamiento militar ruso, cuyo concepto del fenómeno de la guerra ha sufrido una gran evolución tomando como punto de partida los acontecimientos de la primera década del siglo XX hasta la actualidad fruto de las experiencias de la era soviética combinadas con las aportaciones de brillantes teóricos militares.

El concepto ruso sobre la guerra moderna contempla el empleo de una síntesis de todos los recursos nacionales, y ésta es dirigida desde el nuevo Mando Central en Moscú, donde todas las autoridades civiles e instituciones necesarias quedarían subordinadas al General de Ejército Valery Gerasimov, Jefe de Estado Mayor de las Fuerzas Armadas Rusas en situación de crisis o guerra,

Esta teoría militar y la percepción de la guerra que se desprende de la misma es totalmente diferente del que tenemos en occidente y, en cierto modo, bajo nuestro punto de vista, es desafiante cuando no amenazador. Para Rusia la guerra se basa en sus intereses nacionales, su posición geopolítica, histórica y cultural.

La guerra implica recursos tanto civiles como militares y, en la nueva concepción de guerra moderna, las primeras fases de un conflicto se centran en objetivos civiles "blandos" y "duros" de la sociedad del adversario. Tanto es así que en la Doctrina militar rusa de diciembre de 2014 las operaciones de información (INFOOPS) y las operaciones psicológicas son descritas como posibles amenazas.

Ya en su día, los teóricos militares soviéticos compartían el profundo convencimiento de que la influencia de la ciencia y la tecnología eran fundamentales para el éxito de las operaciones militares. Ambas ayudaban a generar productos y sistemas que directamente tenían un efecto sobre los escenarios, amenazas y capacidades militares, llegando a influir en estos y modificarlos.

La coordinación de los recursos civiles de Rusia con sus capacidades militares es un perfecto ejemplo de cómo ciertos cambios inesperados tienen influencia en los objetivos militares rusos, sus medios y métodos. Este modelo de desarrollo se sucede en paralelo en los niveles político, estratégico, operacional y táctico.

El teórico militar ruso Slipchenko desarrolló en 1999 su teoría sobre la "Guerra de Sexta Generación", según la cual esta nueva modalidad tiene tres objetivos principales: la derrota militar del enemigo en su propio territorio; la destrucción de su actividad económica y su potencial industrial; y subvertir o cambiar el sistema político del oponente. El fin de todo lo anterior no es otro que atacar el liderazgo militar y político para alcanzar lo más rápidamente posible los objetivos políticos y militares estratégicos marcados.

El empleo de una gran variedad de capacidades se optimiza para conseguir efectos al más alto nivel posible. Métodos indirectos y asimétricos se emplean según evolucione la operación para identificar e influenciar del modo más efectivo posible en los puntos débiles del enemigo, tanto en la preparación como durante la conducción de las operaciones.

En este nuevo tipo de conflicto, la guerra no se detiene, simplemente se desencadena y evoluciona de un modo continuo desde la fase de preparación, variando en intensidad y modificando progresivamente su centro de gravedad. Los medios militares estratégicos adecuados se empeñan para crear una situación estratégica favorable y un entorno operacional permisivo. El estado final deseado es una sociedad debilitada, desestabilizada y aislada.

Para ello, en primer lugar, el ataque inicial se lleva a cabo con una combinación de guerra sicológica, operaciones de información (INFOOPS), y mediante el empleo de elementos que ejerzan su influencia en la misma. Una vez creada la situación que se estima favorable se desencadenan ataques coordinados empleando unidades de operaciones especiales previamente infiltradas, milicias adeptas armadas por esas mismas unidades de operaciones especiales y empleando sistemas de armas remotos en toda la profundidad del territorio enemigo. En los conflictos de sexta generación las diferentes fases descritas anteriormente se desarrollan secuencialmente y en paralelo.

Los líderes políticos, infraestructuras vitales, instituciones regionales y la infraestructura militar serán neutralizados o destruidos en la medida de lo posible en toda el área operacional.

Este nuevo tipo de conflicto ha sufrido una rápida evolución y está basado en el pensamiento teórico militar soviético desarrollado entre los años veinte del pasado siglo y finales de la década de los ochenta.

El concepto de guerra híbrida apareció con fuerza hace unos diez años, limitado al nivel táctico, en escenarios de guerra irregular o asimétricos y desarrollándose con fuerza. Pero este ha evolucionado y ha tomado una naturaleza más operacional e incluso estratégica, incluyendo factores económicos y políticos entre otros. El camino del pensamiento estratégico ruso está marcado por el desarrollo socioeconómico del país, la estrategia de seguridad nacional, los conceptos de su política exterior, la estrategia de desarrollo de la región ártica rusa y la política de seguridad hasta 2020.

La aspiración rusa es un mundo multipolar con varios centros de poder regionales en lugar de la configuración actual con una sola potencia militar, económica y política dominante. En el escenario actual, la mayor amenaza para Rusia continúa siendo la OTAN y EE. UU. A los ojos de Rusia, la expansión de la Alianza hacia áreas más cercanas de sus fronteras de lo deseable es un problema especialmente preocupante.

La Doctrina Militar de la Federación Rusa de 2014, describe las características de los conflictos militares actuales. El documento bebe de estudios previos y cómo no, tiene elementos comunes con el Plan de defensa de 2013. Las conclusiones a las que llega a la hora de establecer esas características describen básicamente la "Doctrina Gerasimov", y se asientan en el concepto de "Guerra de sexta generación" con una clara adaptación al momento actual.

Otro "teórico", el General Alexander Vladimirov, en su libro "Teoría General de la Guerra", afirma que la fase o periodo de enfrentamiento armado propiamente dicho, en este nuevo concepto de guerra, toma menos importancia o reduce su duración. Esto se debe a que la "Guerra Híbrida" representa la culminación de las operaciones de ataque, que han sido precedidas de acciones de diversión contra la sociedad civil de la nación objetivo, su liderazgo político, su población y por operaciones de información y guerra psicológica.

Las actuaciones se llevan a cabo en varios niveles de profundidad y pueden ser rápidamente redirigidas en términos geográficos de distancia y dirección. Vladimirov ya adelantaba en su obra un incremento y mayor desarrollo de armas de precisión, de armas no letales y de todo tipo de vehículos y aeronaves no tripulados, autónomos y armados.

El texto hace una interesantísima reflexión al hablar de la evolución desde la clásica y clara diferencia entre la situación de guerra o paz hacia un estado permanente de guerra como algo consustancial a la existencia de las naciones. Esa anterior clara frontera entre guerra y paz se diluye en un estado de transición lleno de inseguridad y de miedo a la propia guerra.

Continúa enumerando tres aspectos característicos de esta "guerra total permanente".

- Un cambio de los conflictos por el territorio hacia la guerra por la propia naturaleza existencial.

- La transición de un tipo de guerra donde se busca la destrucción y aniquilación física del enemigo al esfuerzo por buscar influenciar en la política, cultura y economía de este.

- Y por último la evolución del enfrentamiento militar directo a una guerra de "no contacto".

La Guerra existencial significa que los objetivos de la guerra ya no son la conquista física de un territorio, de un lugar específico. La estrategia ya no consiste en la destrucción, intimidación o aniquilación. Por ello, el uso de la fuerza militar directa ya no es el método más importante para ser empleado contra otros elementos militares.

La estrategia se transforma en el uso de otros métodos indirectos cuyo objetivo es crear un "caos organizado". Todo ello nos lleva a otro concepto, "la guerra cultural", que no consiste sino en crear corrientes de influencia política, económica y cultural. Para ello se necesitan medios o vías que proporcionen influencia directa sobre las figuras o estamentos del oponente escogidas como objetivo (políticos, grupos de influencia, mandos militares, sectores de población...), para llegar a provocar un colapso interno, o al menos una situación de inestabilidad.

Es la combinación de esa "guerra cultural", que debe ser muy proactiva, a través de medios de comunicación, redes sociales y agentes de influencia, junto con operaciones en profundidad, llevadas a cabo por unidades de operaciones especiales, el uso de proxys o fuerzas afines irregulares y la búsqueda de una confrontación sobre la existencia misma de la guerra a través de operaciones psicológicas, lo que conforma el concepto de guerra de sexta generación o como lo conocemos hoy día, guerra hibrida. Una guerra casi sin contacto directo entre los oponentes, en la que se usan elementos remotos que reducen al mínimo, o buscan reducir al mínimo los enfrentamientos directos. Eso sí, este tipo de conflicto requiere una labor de estudio e inteligencia previa sobre el enemigo en su conjunto, su sociedad, su historia, su cultura, su sistema político y económico, muy superior al necesario para un conflicto más convencional. Todo con la finalidad de identificar muy bien y de un modo extremadamente preciso los objetivos sobre los que actuar o influir de un modo u otro. El periodo de preparación es infinitamente mayor.

Según Vladimirov, la guerra es conducida en territorio enemigo usando operaciones de subversión y de diversión que son complementadas con ataques a distancia por tierra mar y aire en incluso desde el espacio cuando las condiciones estratégicas y operacionales son favorables.

En resumen, esta "guerra de bajo contacto" se interpreta como una forma de hacer la guerra usando elementos técnicos, actores y métodos que reduzcan al mínimo posible el enfrentamiento directo. Por tanto, la guerra contra un oponente debe entenderse como una guerra total y continua con varios grados de intensidad siguiendo varias líneas de operaciones simultaneas.

Y este es el futuro, o, mejor dicho, el presente. Es a esto a lo que nos enfrentamos. Esta nueva forma de entender la guerra es una realidad aplicada no solo por Estados, sino por organizaciones como puede ser el Daesh. Evidentemente sin disponer de los mismos recursos, y con notables diferencias, pero la raíz de sus acciones comienza a basarse en los nuevos parámetros.

Una nueva situación que hace muy difícil concretar el momento en que comienza un conflicto bélico, pues ya no podemos centrar este en el simple enfrentamiento de dos ejércitos, y que nos lleva a nuevos planteamientos y a complicados retos, sobre todo en el plano de la inteligencia, pues ante esta nueva realidad toma un protagonismo inusitado como factor clave para identificar los indicadores que nos sitúan ante una agresión. El espectro es muy amplio, y en cierto modo, todos hemos interpretado erróneamente y en ciertos casos incluso menospreciado las capacidades e intenciones del concepto militar ruso.

La anexión de Crimea y el vigente conflicto del Donbas abrieron los ojos a algunos, pero parece que hemos vuelto a desenfocar la mirada, y más pronto que tarde habremos de asistir a situaciones similares. Rusia tiene muy claros sus objetivos, busca afianzar su papel en el mundo y hasta el momento han demostrado que tienen la capacidad y la intención de poner en práctica las teorías descritas. La cuestión no es si volverá a hacerlo, sino determinar donde y cuando.

Corolario

El conflicto de Crimea ha supuesto una revolución en el pensamiento militar en lo que a la forma de hacer la guerra se refiere. Puede considerarse el hito a partir del cual se toma conciencia de que esa nueva manera de enfrentarse no es algo anecdótico, sino que se va a convertir en el eje de los conflictos presentes y futuros. El aumento de las capacidades tecnológicas, el uso cada vez más frecuente de vehículos no tripulados, ya sea aéreos, terrestres o marítimos, y el incremento exponencial de la importancia de lo que se conoce como el dominio cognitivo son en la actualidad elementos determinantes.

Crimea materializó por primera vez el concepto de Guerra Híbrida en toda su extensión, concepto que en la actualidad ha evolucionado para pasar a hablar de "Conflictos en la Zona Gris". Esto ha llevado a las naciones y a las organizaciones militares a volcar gran parte de su esfuerzo en identificar los indicadores que señalen el inicio de las hostilidades en este plano. Esto conlleva una gran dificultad, pues en la mayoría de las ocasiones es muy difícil discernir que acciones pertenecen a un plan preconcebido y preparado y cuales son fruto del desarrollo normal de las relaciones entre países o sociedades.

Por otro lado, esta nueva forma de hacer la guerra se ha revelado como algo que ya no es exclusivo de los estados. Organizaciones bien estructuradas, financiadas y preparadas, ya sea con fines terroristas o criminales pueden tener la capacidad de llevar a cabo acciones en este campo, presentado así un nuevo y preocupante desafío.

Bibliografía

- Peter A. Mattsson. Swedish National Defense College. 2015 "Russian Military thinking – A new generation of warfare" Journal on Baltic Security Vol 1

- Gerasimov, V. 2013. "The value of Science is in the Foresight: New Challenges Demand Rethinking the Forms and Methods of Carrying out Combat Operations", Promyshlennyy Kuryer Online Voyenno online

- Kissinguer, H. 2014. "World Order. Reflections on the Character of Nations and the Course of History", Londres: Penguin Books

- Chekinov, S.G., Bogdanov, S, A. 2014 "Initial Periods of Wars and their Impact on a Country´s preparation for a Future War". Military thought nº1

- The Militay Doctrine of the Russian Federation 2014

- Slipchenco, Vladimir. 1999. "Voynybudushchego – Shestoyepokoleniye". Moskva: Non-governmental Science Foundation.

EL ÁRTICO. LA GRAN BAZA RUSA (I)

Publicado en Atalayar nº19, 06 de marzo de 2020

https://atalayar.com/content/el-%C3%A1rtico-la-gran-baza-rusa-i

Antecedentes

A pesar de la fecha de publicación, comencé a trabajar en este artículo varios meses antes, y estuvo finalizado y entregado a principios de enero de 2020. Por aquellas fechas la posibilidad de un suceso como el de la pandemia era algo que no se contemplaba. Es por ello por lo que cuando en la introducción se plantean los posibles escenarios que pueden ser origen de nuevos conflictos se elude el papel de China. Si bien es cierto que por aquel entonces la guerra comercial entre China y EE. UU. era una realidad nada hacía presagiar la entrada en escena de un microscópico elemento que ha venido para cambiarlo todo.

El objeto del artículo y de su secuela era presentar la realidad de una zona del mundo generalmente olvidada para el gran público y cuyos recursos más pronto que tarde serán fruto de disputas y conflicto.

Otro ejemplo de cómo los escenarios cambian y de la necesidad de estar permanentemente observando los indicadores adecuados son los sucesos en el Mediterráneo

Oriental, las últimas acciones de Turquía y algo tan significativo como la firma de los acuerdos de Abraham.

Por todo ello, este trabajo, además de servir para poner de relieve la importancia del Ártico y como Rusia parece llevar la delantera, nos sirve para comparar como era la situación global en lo que a escenarios de probables conflictos se refiere hace tan sólo un año y ahora. Es prisma muy adecuado para observar la evolución en el plano geopolítico.

EL ÁRTICO. LA GRAN BAZA RUSA

Hace tan sólo unos días se conmemoraba el 80 aniversario del comienzo de la Segunda Guerra Mundial, un conflicto que cambio para siempre el orden mundial y que configuró el mundo que hoy conocemos.

Actualmente no es raro oír decir que el mundo vive el mayor periodo de paz que el hombre ha conocido. Esta afirmación evidentemente sólo es aplicable a lo que conocemos como mundo desarrollado, es decir, Europa y Norteamérica, tal vez en un pretencioso gesto hacia aquellos que desde el final de la contienda han sufrido en su territorio enfrentamientos bélicos de toda índole.

Pero esa paz no ha estado ni está libre de tensiones, incluso en muchos casos hablar de paz solo sería adecuado si entendemos esta como la ausencia de enfrentamiento armado entre países con sus respectivos ejércitos.

Introducción

El momento actual no está libre de esas tensiones, y a pesar de las apariencias, en ocasiones se despierta cierta añoranza de aquellos tiempos en los que la guerra fría, con el equilibrio que proporcionaba la destrucción mutua asegurada, favorecía una situación en la que las amenazas estaban bastante más claras y el enemigo totalmente identificado.

Pero con la caída del muro y la desintegración de la Unión Soviética, todo se volvió más impreciso e inestable. La política de bloques proporcionaba una "estabilidad tensa" que lo hacía todo más predecible. En cambio, en el panorama actual, aunque no lo percibamos así, las amenazas se han multiplicado, la inestabilidad es mucho mayor y el "equilibrio geopolítico" mucho más difícil de mantener. Nuevos actores han aparecido, nuevas potencias han emergido y las amenazas se han multiplicado.

Y en este nuevo escenario se pueden identificar áreas potencialmente peligrosas donde los interese cruzados pueden desencadenar algo más que un conflicto local o regional. Sin ánimo de ser alarmistas y empleando un símil marinero, 75 años de "calma chicha" sólo pueden ser el preludio de una nueva tormenta. La historia es tozuda y siempre se repite.

Entre las áreas a las que hacemos referencia podemos mencionar tres principalmente: una es el Sahel, donde la tradicional inestabilidad de los países de la zona, unido al fenómeno del terrorismo yihadista, los intereses que generan todos los tráficos ilícitos que recorren ese vasto territorio y unas fronteras prácticamente imposible de controlar lo convierten en un punto susceptible de generar un conflicto que afecte de lleno a Europa y de consecuencias imprevisibles, especialmente para España.

El segundo punto que potencialmente puede generar una tensión generalizada es un clásico, pero actualmente parece que está olvidado. Y no es otro que la zona de El Líbano, Israel, Siria e Irán. Desde la guerra de 2006 y tras la implicación internacional con el refuerzo de la misión de Naciones Unidas, UNIFIL (por cierto la más longeva en la historia de la ONU), salvo en ocasiones puntuales, la comunidad internacional no ha prestado demasiada atención a lo que allí sucede Pero la realidad es que Hezbollá sigue controlando el sur de un país que al mismo tiempo se enfrenta a una presión migratoria brutal fruto de la guerra en Siria, y que precisamente su frontera con dicho país es frecuente campo de batalla entre Israel y la milicia del jeque Nasralá. En los últimos días se ha visto una escalada casi sin precedentes en los choques armados y el desenlace de un nuevo enfrentamiento armado abierto podría derivar en una escalada sin control.

Por último, las aspiraciones de una Rusia, que busca consolidar su papel como potencia mundial son una fuente potencial de tensión a escala global. Y ello se debe a varias razones. La implicación de Rusia en el conflicto de Siria ha supuesto un salto cualitativo en su política exterior y de defensa. Una clara manifestación de su interés en participar en el concierto internacional en defensa de sus intereses o los de sus aliados. Algo nada reprochable, pues es lo mismo que otros llevan décadas haciendo. En este plano también debemos considerar la intención de ofrecer un contrapeso a la OTAN en ese nuevo papel de organización que vela por el orden y la paz mundial. Rol fruto de la necesaria búsqueda de sentido después del fin de la guerra Fría y la desaparición de la URSS y el Pacto de Varsovia.

La ocupación de Crimea y el conflicto del Donbas, que a pesar de lo que muchos creen, y de su desaparición de los medios de comunicación, sigue plenamente activo, fue en su momento otro mensaje muy claro de hasta dónde está Rusia dispuesta a llegar para lograr aquello que considera que legítimamente le pertenece. Un conflicto este que debe entenderse como una forma de plantar cara directamente y sin ambages a las intenciones de la OTAN y que estuvo muy cerca de extenderse a los países bálticos en una escalada sin precedentes. De hecho, lo que podemos considerar la primera fase del nuevo concepto de "Guerra Híbrida" se puso en marcha en dichas repúblicas. Tampoco podemos olvidar, relacionado con este asunto, la problemática del enclave de Kaliningrado. Un auténtico talón de Aquiles para la estabilidad y que será objeto próximamente de un trabajo más en profundidad.

Pero dentro del apartado ruso, hay un tema concreto que afecta a una región determinada y que sin duda es un punto clave que va a generar tensiones que potencialmente podrían llevar a una escalada muy peligrosa. Este no es otro que todo lo relacionado con la región del Ártico, y a él vamos a dedicar las próximas páginas.

Aspectos Generales

Una de las consecuencias del avance del cambio climático es el progresivo deshielo polar. Y la velocidad de ese deshielo es directamente proporcional el aumento de la importancia estratégica de la región del Ártico.

Poco a poco las zonas polares van siendo más accesibles, y con ello la posibilidad de explotar la riqueza de los recursos naturales que esconde en sus entrañas. A ello ha de añadirse la más que fundada esperanza de que a medio o largo plazo la zona se convierta en ruta de tránsito del tráfico global de mercancías entre Europa y Asia.

Debido a lo anterior, en los últimos años se ha suscitado un renovado interés tanto político como económico y militar en torno a esa zona del planeta. No en vano, los países que comparten la costa ártica, EE. UU., Canadá, Noruega, Dinamarca (con Groenlandia) y Rusia, han tomado ya decisiones que conciernen a la misma o incluso llevado a cabo algunos movimientos más allá de las palabras.

Ya en 2008, Scott Borgerson resaltó el riesgo que supone el que la rivalidad entre los países con intereses en la región y la carrera por hacerse con los recursos derivase en una arriesgada política armamentística de militarización de la región. Según su punto de vista la situación puede llegar a ser muy preocupante debido a la ausencia de estructuras que permitan coordinar un desarrollo ordenado de la región e incluso llevar a cabo labores de mediación política para resolver conflictos o discrepancias sobre el aprovechamiento de los recursos y la explotación de las rutas de tráfico marítimo.

La posición rusa

El pasado 23 de agosto inició su travesía de más de 5000km a lo largo del ártico el "Akademik Lomonosov", la primera central nuclear flotante construida por Rusia. Evidentemente el hecho estuvo rodeado de una enorme polémica agitada por diferentes movimientos ecologistas, pero ese no es el objeto de este trabajo.

Hay que apuntar que no es la primera vez que un ingenio de estas características se pone en marcha. Entre los años 1968 y 1975 EE. UU. usó una plataforma nuclear flotante similar en Sturgis, Panamá.

El destino final de la planta, equipada con dos reactores KLT-40S, que son una evolución de los que equipan a un carguero y dos rompehielos, y que pueden generar 35MW cada uno, es la ciudad de Pevek, donde proporcionará energía a una planta desalinizadora y a varias plataformas de perforación.

Lo interesante desde nuestro punto de vista es el hecho de que este hito es una piedra más en el camino que está construyendo Rusia en su política en la región.

La estrategia de Rusia en el Ártico está dominada por los dos discursos primordiales que conducen su política exterior en dos direcciones que, a primera vista pueden parecer contradictorias o incluso opuestas.

Por un lado, tenemos un discurso que podríamos denominar de realismo geopolítico con un marcado carácter patriótico y que apela a conceptos como “explorar”, “ganar”, “conquistar” el Ártico y proyectar el poder ruso, incluido el militar en la región en beneficio de los intereses nacionales. Esta línea es la que ha propugnado y facilitado el desarrollo de las capacidades militares rusas en la zona. Opuesto a esta corriente tenemos el concepto de relaciones internacionales dominado por el liberalismo, inspirado en la ley y con un discurso focalizado en la modernización, caracterizado por el empleo de términos como “negociación”, “cooperación”, “objetivos conjuntos” y que tiene como axioma para todos aquellos que de un modo u otro operan en la región ártica, ya sean países o corporaciones que todos obtendrán mayores beneficios si cooperan pacíficamente entre todos.

Hasta el momento, el discurso liberal ha sido el preponderante, y de ese modo, ha sido el ministerio de asuntos exteriores el que ha diseñado y dirigido las líneas principales de las políticas rusas en el Ártico con el apoyo del ministerio de transportes y el de energía. Frente a esta posición encontramos al consejo de Seguridad Nacional y al Ministerio de Defensa que han tratado de hacer que prevalezca o al menos de influenciar con su discurso de realismo geopolítico en la posición de Rusia sobre el Ártico.

El presidente Putin por su parte ha preferido hasta el momento dejar que sea el departamento de exteriores el que imponga sus tesis y marque las líneas de la estrategia rusa para con el Ártico, presumiblemente en un ejercicio de pragmatismo político llevando a cabo acciones que sirvan mejor a los intereses rusos. De todos modos, es importante hacer un apunte: a pesar de que ambas tendencias discrepen en los métodos a emplear, mantienen de facto un cierto punto de acuerdo en lo que al objetivo general de la política rusa en el Ártico se refiere: emplear los inmensos recursos energéticos que atesora la región para garantizar la restauración y continuidad de la posición de Rusia como una gran potencia cuando los que ahora proporciona la región de Siberia comiencen a disminuir. Este proceso de disminución en la producción de gas y petróleo se sitúa en algún momento no más allá de 2030.

Añadido a este factor, el progresivo deshielo facilitado por el cambio climático es visto por Rusia como una oportunidad para abrir completamente la ruta del norte entre Asia y Europa, la cual pasa por la región ártica rusa. Y Rusia confía en que la industria internacional del transporte marítimo sepa ver la oportunidad que ofrece ahorrar más de 4000 millas náuticas en el trayecto desde Ulsan en Corea hasta Rotterdam. Oportunidad que también ofrece a Rusia la posibilidad de obtener grandes beneficios por el uso de sus puertos a lo largo de la ruta para labores de mantenimiento y reabastecimiento, así como por los derechos de paso por lo que Rusia considera aguas territoriales propias.

La cuestión es si Rusia será capaz de conseguir unos objetivos tan ambiciosos. Hay varios factores que sin duda le complican la ecuación y sus planes.

En primer lugar, las dos compañías energéticas estatales rusas, tanto Gazprom como Rosneft carecen hoy en día de la tecnología necesaria, el conocimiento y la experiencia para extraer petróleo y gas bajo las difíciles condiciones que imperan en el Ártico, donde las reservas más importantes se estima que están en aguas profundas en zonas de difícil acceso debido a las duras y adversas condiciones climatológicas.

Por otro lado, las sanciones impuestas a Rusia como consecuencia de la ocupación y anexión de Crimea suponen un grave problema para esas compañías que no pueden acceder a la tecnología y el conocimiento que necesitan por los canales normales de colaboración e intercambio con empresas occidentales del ramo. Esas mismas sanciones limitan las posibilidades de obtener financiación de bancos pertenecientes a la UE, lo cual lastra las posibilidades de desarrollo de los proyectos más costosos que tiene programados Rusia en el Ártico.

Pero de todos los factores que influyen de un modo u otro en la hoja de ruta dispuesta por Rusia, el que tiene mayor impacto es el actual nivel del precio del petróleo. Durante el mes de septiembre el precio del barril ha subido hasta los 59 dólares, y se estima que la explotación de la mayor parte de los recursos que se encuentran en el Ártico sólo sería rentable con un precio del barril por encima de los 120 dólares. Si tenemos en cuenta que desde 2003 el precio del crudo no alcanza valores similares, (llegó en abril a los 131 dólares por barril), podemos entender claramente el hándicap que la política de la OPEP de mantener los precios del petróleo en los márgenes actuales supone para los proyectos rusos.

La duda es cuál será la actitud rusa: suspender los proyectos hasta que el precio del petróleo y el gas permitan que la explotación de los yacimientos sea rentable y haya vuelto a una relación de cooperación con la Unión Europea ya sin sanciones que le permitan acceder a la tecnología necesaria o continuar tratando de inyectar toda la financiación propia que le sea posible para continuar adelante.

La economía rusa sufrió mucho con las sanciones impuestas en 2014 y 2015 por EE. UU. y la UE, las cuales provocaron una situación de crisis y recesión no muy prolongadas en el tiempo. Pero poco a poco logró ir recuperándose, y esas mismas sanciones tuvieron un efecto cuando menos positivo desde el punto de vista de la dependencia que hasta entonces tenía Rusia de occidente, pues obligaron a la economía rusa a volver la mirada hacia otras potencias como Brasil, India, China o Sudáfrica, así como a ciertos países de

Sudamérica, haciendo esa dependencia mucho menor y abriendo otras vías de financiación de sus proyectos.

No obstante, la economía rusa actual sigue estando bajo presión, y la posibilidad de una recesión y el incremento de la inflación, así como de los tipos de interés continúan en el horizonte, lejos de mostrar un panorama de cierta estabilidad y tranquilidad. Si a todo lo anterior le unimos la previsión de que los precios del petróleo continúen en los márgenes actuales con poca variación, encontramos razones más que suficientes para la suspensión de los proyectos de prospección en el Ártico hasta que la situación económica varíe sustancialmente.

Que el Kremlin proponga un planteamiento basado únicamente en los razonamientos económicos o se decida por una estrategia a largo plazo es la gran incógnita. Pero históricamente los planteamientos rusos siempre has seguido la segunda opción planteada. Y más aún en la situación actual en la que la carrera por posicionarse para lograr el mayor control de la zona que se supone atesora los mayores recursos energéticos y minerales del planeta ya ha comenzado. Y Rusia no puede permitirse quedarse rezagada.

Desde luego, el hecho con el que comenzábamos este epígrafe es más que significativo para indicarnos que Rusia no va a ceder en su empeño ni a esperar a una mejora de las condiciones económicas.

Una esperanza de las autoridades rusas es que la cooperación ruso-china alcance un nivel tal que supere al que dominaba las que mantenían hasta la llegada de las sanciones con los países occidentales. Una tradicional aspiración para Rusia ha sido poder diversificar su mercado energético para así reducir su dependencia de Europa occidental. Pero en el Kremlin también ha habido un temor prolongado y muy arraigado a terminar siendo un mero apéndice de la arrolladora economía china, y ello ha sido un factor determinante que ha contribuido a mantener los canales de comunicación y cooperación con Pekín abiertos y bajo permanente control.

Por ello es muy interesante prestar atención a los movimientos en ese sentido que puedan disipar las dudas sobre si las sanciones han servido de catalizador para superar los temores pasados y, en el largo plazo, apoyar las decisiones y esfuerzos que lleven a Rusia a una colaboración estratégica real con China-

Luego vemos que la dirección de la política de Rusia para con el Ártico, está determinada por factores tan diversos como el precio del petróleo, el efecto de las sanciones impuestas, el cambio climático, sus relaciones con otras potencias, especialmente China, y desde luego con sus capacidades militares.

El estudio más en profundidad de todos esos factores nos proporciona material más que suficiente para poco a poco y en sucesivos trabajos ir desgranándolos para ofrecer una visión lo más completa posible de lo que se juega en esa parte hasta ahora casi desconocida de nuestro planeta.

Corolario

Un año después de la publicación del artículo el tópico que señala que "el mundo ya no es el mismo" es más real que nunca. La pandemia lo ha cambiado todo, y ha cambiado no sólo la economía y las relaciones sociales, sino que ha afectado significativamente a los balances de poder.

Y en el caso que nos ocupa, a pesar de que la expansión del virus a golpeado duramente a Rusia, es indudable que se han abierto nuevas oportunidades para Moscú. La alianza con China cobra aún más importancia, máxime cuando el foco de las tensiones con EE. UU. es ahora el país asiático, lo cual no deja de ser beneficioso para Rusia, pues es otro el que sufre el desgaste del permanente enfrentamiento con Norteamérica. Por otro lado, las graves diferencias suscitadas en el seno de la UE primero por el reparto de fondos de ayuda y después por la gestión de las vacunas le ha proporcionado a Rusia una oportunidad ideal para mostrarse como un "ente" capaz de gestionar mejor, más rápida y eficazmente la solución al virus, con capacidad de proporcionar a los países de la UE que se lo soliciten la ayuda que la UE no es capaz de darles.

Esto no sólo va a mejorar la imagen de Rusia como mínimo en la población de dichos países, sino en sus gobiernos y clase política, abriendo un nuevo nicho de oportunidades que sin duda el Kremlin aprovechará.

Bibliografía

- N Miheeva 2019 IOP Conf. Ser.: Earth Environ. Sci. 302 012057

- Keir Giles and Mathieu Boulegue. Russia's A2/AD Capabilities:Real and imagined. 2019

- Ernie Regehr. Militarization and Arctic Security. July 23-27, 2017 (Halifax and Pugwash, NS)

- Jørgen Staun, Ph.D., Ass. Prof. Russia's Strategy in the Arctic. Institute for Strategy, The Royal Danish Defence College. 2015

EL ARTICO. LA GRAN BAZA RUSA (II)

Publicado en Atalayar 13 de marzo de 2020

https://atalayar.com/content/el-%C3%A1rtico-la-gran-baza-rusa-ii

Antecedentes

Este es artículo es la continuación natural del anterior. Si aquel versaba principalmente sobre las bases teóricas de la forma de proceder de Rusia, este incide en los movimientos de este país para obtener una posición de ventaja en una región que será clave en el escenario geopolítico. Así mismo pone de relieve ciertas contradicciones a las que debe hacer frente Rusia a la hora de dar pasos en la dirección de buscar la posible apertura de esta ruta comercial.

EL ARTICO. LA GRAN BAZA RUSA (II)

Introducción

Desde el famoso discurso pronunciado por Gorbachov en 1987 en Murmansk sobre el Ártico, la posición internacional adoptada sobre el asunto tomó un cariz de cierta excepcionalidad. Por parte de la comunidad internacional se asumió o, mejor dicho, se albergó la esperanza de que el aislamiento geográfico y climatológico de la zona también ofrecía el mismo nivel de aislamiento frente a las tensiones que se generaban en otras zonas del planeta y la protegía de convertirse en zona de enfrentamiento entre las grandes potencias.

Pero a tenor de los acontecimientos de los últimos años, la evolución de estos y la actitud de Rusia en el concierto internacional, no es de sorprender que haya quien, en una aproximación realista, esté dispuesto a cambiar ese paradigma. En 2015, el Instituto Finlandés para Asuntos Internacionales publicó un documento llamado "Reflexiones críticas sobre la excepcionalidad del Ártico" en el cual afirmaba que lo que estaba sucediendo en Ucrania no se detendría allí, y que acontecimientos similares se darían en otras partes del mundo y acabarían reproduciéndose en las proximidades de la región ártica.

La viabilidad o no de las propuestas para preservar la seguridad en el Ártico está íntimamente ligada a la visión que se tenga de la región como una verdadera "excepción". Hasta el momento, y a pesar de lo sucedido en Ucrania, esto puede considerarse así, y la inclinación de todos los países con intereses en la zona a cooperar es mayor que en cualquier otra parte.

El Ártico como comunidad de seguridad

A pesar de que los contactos con Rusia en la región para tratar todo lo relacionado con asuntos de seguridad y militares se han reducido drásticamente, la Declaración de Ilulisat de 2008 aún puede considerarse en vigor, y tanto el foro de Guardias Costeras, así como el acuerdo sobre SAR y control de vertidos continúan siendo el marco de implementación de los esfuerzos de cooperación.

Es un hecho incontestable que los efectos del cambio climático, unido a los avances en la tecnología cuando nos referimos a los rompehielos de propulsión nuclear está abriendo una brecha de esperanza a la completa navegabilidad del océano Ártico. Ello, unido a las enormes reservas energéticas y de otros recursos que alberga en sus profundidades, añade un valor comercial de gran potencial a la preexistente importancia estratégica que la costa norte de Rusia ya tenía de por sí.

La importancia estratégica del teatro nórdico durante los años de la guerra fría residía en que era el bastión de la Flota del Norte. Actualmente, aunque disminuida por los cambios acaecidos tras la caída del muro y en un momento en que la disuasión nuclear ha pasado a un segundo plano, esa importancia aún se mantiene, a la vez que el flanco del Ártico que mira hacia el Pacífico cobra más importancia con la irrupción de una China cada vez más importante y desarrollada que reclama su espacio en el concierto internacional.

Todo ello hace que desde 2007 Rusia haya iniciado una fuerte campaña demostrando a las claras su intención de redoblar los esfuerzos para con sus reclamaciones en el Ártico, al tiempo que ha llevado a cabo negociaciones con otros actores en el área de gran importancia como Noruega, con quien firmó un tratado en 2010.

Si queremos mantener de forma efectiva la seguridad en una región, la primera premisa es tener unas expectativas confiables de un cambio de actitud pacífica por parte de los diferentes actores. Y en lo que se refiere a la región Ártica hay que aceptar que, al menos hasta el momento, las condiciones para mantener una "comunidad de seguridad regional" se han dado de un modo razonablemente aceptable. La seguridad común reside básicamente en la certeza de los diferentes miembros de esta de que ninguno de los actores iniciará un conflicto bélico para solucionar posibles disputas o desavenencias sean del orden que sean. Y en relación con el Ártico, los cinco países de la región, en la "Declaración de Ilulissat de 2008" confirmaron dicho modo de proceder afirmando que confiaban en un amplio marco legal internacional que fuera de aplicación al océano Ártico para resolver de manera satisfactoria para todos cualquier reclamación, disputa o interés particular.

El segundo elemento que caracteriza a una comunidad de seguridad como la que estamos tratando es la ausencia de una carrera de armas en la zona. O, dicho de otro modo, la renuncia a los Estados implicados a iniciar una competición para aumentar sus capacidades militares ya sea en la zona propiamente dicha o capacidades desarrolladas específicamente para intervenir en esta (léase, por ejemplo, en el caso que nos ocupa, desarrollar unidades especializadas y equipadas para combatir en terreno con condiciones invernales extremas).

Así, para reforzar las expectativas de paz y mitigar la preparación de operaciones bélicas de toda índole, los países de la zona deben tomar ciertas medidas clave como que sus despliegues militares tengan un carácter meramente defensivo y demostrable y siempre relacionados con la seguridad pública (un ejemplo puede ser Canadá, cuyos UAV que operan en la zona no están armados al igual que no lo está su Guardia Costera). Otra medida es el empleo compartido de los medios de rescate en la zona o el uso de protocolos que aúnan medios de varios de los países implicados. Redundar en la transparencia de las operaciones militares y ejercicios en la zona mediante la realización de reuniones periódicas de los responsables de defensa, así como ser explícitos a la hora de declarar la intención de no significar amenaza alguna para la soberanía e integridad territorial del resto de naciones. En el caso de la OTAN, además ha mantenido siempre la región Ártica fuera de sus zonas de operaciones como medida redundante o adicional.

Cualquier medida que evite una escalada o carrera militar en la zona y que apoye las expectativas de un statu quo basado en la paz y el entendimiento será útil para reforzar al Ártico como una comunidad segura, algo que lo convierte desde luego en una excepción en el contexto internacional actual pero que al mismo tiempo puede ser una pieza desde la que extender una arquitectura de seguridad global.

Todo lo anterior es sin duda hablar de una situación ideal que, dista mucho de la realidad que nos dictan los acontecimientos.

La posición rusa. Intereses y Evolución

Las razones por las que la región del Ártico tiene una importancia estratégica para el Kremlin son diversas. Algunas ya fueron esbozadas en el primer documento de esta serie. Pero ahora trataremos algo más en detalle estas.

En primer lugar, en la región se ubican importantes centros de población. Arkhangelsk es la mayor ciudad del Ártico, con una población de aproximadamente 350000 habitantes, seguida por la más conocida Murmansk que alberga a 300000 personas. Si las comparamos con la más habitada de la zona perteneciente a EE. UU., que es Nuuk, con 17000 habitantes, vemos que la diferencia es más que significativa. Y esos números son ya por sí mismos un importante indicador.

Pero lo que de por sí es significativo y está cambiando las reglas del juego en la zona es que bajo el liderazgo de Vladimir Putin la región ártica rusa ha sido reafirmada y enfatizada como un asunto patriótico y nacionalista de primer nivel.

La economía rusa depende en gran medida en su industria petrolera y gasística, y como ya se ha mencionado, esos recursos abundan en el Ártico, incluyendo la región de Yamal donde Rusia posee una inmensa planta de gas natural licuado. Es por ello por lo que Rusia es muy sensible a cualquier movimiento o acción que pueda afectar a la seguridad de sus infraestructuras energéticas.

La conocida como Ruta del Mar del norte, también citada anteriormente, y que para ser algo más explícitos recorre la costa rusa desde el mar de Kara hasta el estrecho de Bering, poco a poco esta se está volviendo más transitable, aunque aún está lejos de convertirse en una ruta principal, pues la navegación por la zona es tremendamente dificultosa: según datos de 2017, durante ese año sólo transitaron por ella 27 naves. Pero a pesar de ello, es un punto importante por el volumen y las peculiares mercancías que la recorren. En ese mismo año se batió un récord, registrándose un volumen total de tránsito de 9,74 millones de toneladas, principalmente gas, petróleo, trigo y carbón. Estos datos convierten a esa ruta en una arteria económica principal para el país, con un enorme potencial de crecimiento, y por ello Rusia tratará de mantenerla bajo su control y protegerla a toda costa.

Hay otro dato que no se puede pasar por alto: Rusia es el único país costero de la región ártica que no pertenece a la OTAN, y considera el Ártico como una zona clave para la protección de su integridad territorial.

Desde el punto de vista estratégico militar se constata una interesante paradoja. Las condiciones climatológicas y el hielo que cubre el mar la mayor parte del año hacen que esa porción de la costa rusa sea inaccesible durante meses, a pesar de que el cambio climático y el progresivo repliegue de los límites del hielo estén variando poco a poco dicha situación. La flota del Mar del Norte tiene su base en la península de Kola, cerca de Murmansk, y dicha estructura militar posee dos tercios de la flota submarina nuclear de Rusia. La conclusión es que el Ártico es al mismo tiempo la masa de hielo y agua que protege los medios de disuasión estratégicos de Rusia y la puerta de salida que permitiría a una considerable porción de sus fuerzas navales alcanzar el Atlántico norte.

Durante los últimos diez años, Rusia ha incrementado de un modo progresivo y significativo sus capacidades militares en el Ártico, abriendo nuevas bases aéreas y reacondicionando las ya existentes, creando un Mando específico para la región y creando dos nuevas unidades de entidad brigada específicamente dotada y entrenada para operar en esa zona. Al mismo tiempo existen planes para aumentar la flota de buques rompehielos, gran parte de ellos de propulsión nuclear, a pesar de que ya de por sí es la mayor del mundo.

La nueva base militar construida en Aleksandra está considerada como la mayor edificación en todo el círculo polar ártico.

En 2015, el entonces ministro de defensa ruso arguyó que el Ártico requería de una presencia militar constante. Y coherente con estas declaraciones, en la "Estrategia Marítima de 2015" se mencionaba la región ártica en segunda prioridad detrás del Atlántico, pero antes que el Pacífico, lo cual es un dato más que elocuente. Continuando en la misma línea, el mismo documento publicado en 2017 resaltaba la percepción sobre las serias amenazas militares que se ciernen frente a los intereses rusos en el Ártico.

Evidentemente Rusia presenta todos estos movimientos y el desarrollo de sus capacidades militares en el Ártico con un carácter meramente defensivo, lo cual no deja de ser verdad, pero hasta cierto punto.

Y desde lo sucedido en Crimea, con la anexión de la región y la posterior Guerra de proxys en el este de Ucrania, los recelos hacia las verdaderas intenciones de Rusia no han hecho sino aumentar.

La mayor parte de esas capacidades pueden ser empleadas con fines defensivos u ofensivos. Entre otras acciones se están mejorando y actualizando los sistemas de radar desplegados, mejorando los sistemas de misiles tierra aire y anti-buque, y ya han sido trasladadas algunas unidades de la fuerza aérea dotadas con MIG-31 y SU-34 a la base construida en Aleksandra. Estos movimientos no han pasado inadvertidos para la OTAN, que ya ha llamado la atención sobre la capacidad que tiene el despliegue llevado a cabo para denegar el acceso y tomar el control de varias zonas de la región.

Si hay un país realmente preocupado sobre este asunto, es Noruega, especialmente sobre la capacidad que tiene Rusia de crear una zona de acceso denegado que cubriría parte de su territorio incluso antes de que la OTAN pudiera actuar para ayudar a su socio. Es lo que en terminología militar se conoce actualmente como A2 AD. Y todo ello quedó claramente expuesto durante el ejercicio ruso “Zapad” 17, donde demostró gran parte de esas capacidades.

El foco de tensión con Rusia cuando nos referimos al Ártico se centra más en su vertiente europea que en la zona perteneciente a Norteamérica. Y ello a pesar de que las reclamaciones presentadas por Rusia ante la Comisión para la definición de los Límites de la Plataforma Continental (CLCS) puede entrar en colisión con la presentada por Canadá, aunque en este caso la cooperación ha prevalecido sobre la confrontación y científicos tanto canadienses como rusos han intercambiado información durante el tiempo que ha estado desarrollando sus respectivos estudios para presentar dichas reclamaciones.

La historia de las reclamaciones rusas ante la CLCS es larga. En 2001 Rusia presentó una reclamación formal sobre un área de 1.2 millones de kilómetros cuadrados, que abarcaban desde las cordilleras submarinas Lomonosov y Mendeleev hasta el Polo Norte. La Comisión rechazó de plano dicha reclamación sin solicitar información adicional.

La respuesta rusa fue contundente, enviar una expedición científica que incluía un rompehielos nuclear y dos minisubmarinos a la zona. Por supuesto la empresa fue convenientemente publicitada y seguida por los medios, especialmente el momento en el que la misión plantó una bandera rusa (de titanio), en el fondo del océano sobre la cordillera Lomonosov, no sin antes haber recogido muestras que supuestamente probaban que la cordillera es parte de la placa continental euroasiática. Durante esta etapa de "confrontación", Artur Chilingarov, a la cabeza de la expedición, y vicepresidente de la Duma declaró: "El Ártico es nuestro, y tenemos la obligación de demostrar nuestra presencia" Esta aseveración mostraba una línea clara contra el espíritu de cooperación internacional en la zona, al tiempo que se revelaba totalmente inapropiada para una expedición de carácter científico.

En 2015, en pleno apogeo de la crisis de Crimea, Rusia volvió a presentar una reclamación revisada sobre la misma zona. Sin embargo, Dinamarca, Noruega, EE. UU. y Canadá también tienen reclamaciones sobre la misma, total o parcialmente. Los recursos que atesora el Ártico son clave a medio plazo para el sostenimiento de la economía mundial, y el control sobre ellos determinará la hegemonía o el papel de quien lo ejerza.

Pero no todas las reclamaciones han tenido el mismo resultado, en 2014 la CLCS resolvió positivamente para Rusia su petición sobre la plataforma continental el Mar de Okhotsk. Esto sólo nos muestra el complicado juego legal y de intereses que hay en torno a la que se considera que es la mayor reserva de recursos naturales del planeta.

Conclusiones

A pesar de lo anterior, la actitud de colaboración se mantiene por ahora, al menos cuando se abandona el nivel meramente político. Y prueba de ello son los diferentes acuerdos internacionales o bilaterales alcanzados desde 2014, incluyendo el "Acuerdo de mejora de la cooperación científica internacional en el Ártico" y la propuesta Ruso-Americana (aprobada por la Organización Marítima Internacional), de crear seis rutas de dos direcciones cada una que permitan una navegación más segura por el Estrecho de Bering.

Estos acuerdos muestran como el Ártico aún puede servir de catalizador para que ambas potencias actúen de un modo más pragmático y aúnen fuerzas en asuntos que son de mutuo interés. Y a pesar de lo relatado, en el contexto actual, es Rusia la más interesada en mantener dicha tónica de cooperación. Si se presta atención a un contexto más global, Rusia necesita de la cooperación de las otras naciones "árticas". Su industria energética necesita un entorno se seguridad y confianza para seguir atrayendo inversores como China, por ejemplo, y mucho más en un escenario donde el número posible de estos se ha visto disminuido como consecuencia de las sanciones.

Como se vio en la primera parte de esta exposición, Rusia continúa moviéndose entre dos posiciones que más que confrontadas son complementarias. Se parte de la base de que la mejor forma de poder alcanzar sus objetivos en el Ártico es la cooperación y la negociación con los países implicados dentro de los organismos internacionales establecidos al efecto, pero al mismo tiempo se desarrollan las capacidades necesarias para que por un lado sirvan de disuasión y medida de presión y por otro, llegado el caso, puedan utilizarse para reclamar o tomar por otras vías lo que consideran que les pertenece por derecho. Y el ejemplo de Crimea es más que clarificador a este respecto.

El cada vez mayor interés público de Rusia por el Ártico ha tenido como consecuencia algunos cambios importantes en el resto de las naciones afectadas.

En primer lugar, ha servido para que entre estas haya una mayor colaboración y unión. Suecia y Finlandia, dos países no pertenecientes a la OTAN, firmaron un acuerdo de "nación anfitriona" con la Alianza en 2016, situándolas más cerca de lo que jamás lo han estado del pacto Atlántico. Y siguiendo en esta línea, en 2018 se firmó un acuerdo a tres bandas con EE. UU. donde se reafirmaban en su intención de cooperar en diversos campos incluyendo ejercicios militares conjuntos.

Por otro lado, Noruega ha incrementado el número de tropas del US Marine Corps que de forma rotatoria permanecen en su territorio. Es un modo de eludir su acuerdo con Rusia de no acoger de forma permanente tropas extranjeras a menos que exista una amenaza real.

La OTAN cada vez presta más atención al problema de Ártico, pero es un terreno cenagoso, y cada movimiento se da tratando de evitar que lo que empieza en cierto modo a ser una situación tensa se complique aún más. Y mucho más teniendo en cuenta que sólo 5 de los 29 países miembros de la Alianza son naciones árticas. Esto puede parecer baladí, pero cualquiera que conozca las entrañas de la toma de decisiones en la OTAN y las reticencias que existen a la hora de plantear una posible invocación del artículo 5, sabrá las implicaciones que tiene este dato. La crisis de Crimea y su posible expansión a los países Bálticos demostraron un flanco muy débil que Rusia muy bien podría explotar en cualquier momento.

El Ártico continúa siendo la puerta de entrada al Atlántico Norte, y a la Alianza le preocupa enormemente la capacidad de Rusia de denegar ese acceso o interferir en las líneas de navegación o incluso en las líneas de comunicación que discurren por el fondo marino. Por ello, la creación del nuevo Mando Nor-Atlántico con la finalidad de proteger las líneas transatlánticas de comunicación unido a la reactivación de la 2ª Flota de EE. UU. que había sido disuelta en 2011 ponen de relieve la importancia que la OTAN otorga a la política y movimientos de Rusia en la zona.

Corolario

La publicación de este artículo se produjo justo al comienzo del estado de alarma. Por entonces ya se vislumbraba que el mundo no sería el mismo después de la pandemia, y que por supuesto los cambios en los equilibrios de poder en el mundo se estaban acelerando al tiempo que algunos asuntos principales parecen haberse ralentizado o "congelado" temporalmente. Tal vez sea más bien nuestra percepción, pues indudablemente toda nuestra atención está puesta en la expansión del virus y sus catastróficos efectos en todos los órdenes: sanitario, social, económico…

El papel de Rusia no deja de ser interesante, pues a pesar de haber sufrido como el que más las consecuencias del SARS COV2, desde un primer momento ha tratado de mostrarse como un contendiente eficaz contra el virus, capaz de ayudar y prestar apoyo a otros países, incluso a miembros de la UE. Lanzando además el mensaje de su potente capacidad de investigación al lograr desarrollar una de las vacunas más efectivas contra la enfermedad demostrando al mundo al mismo tiempo una potente infraestructura capaz de producir vacunas suficientes no sólo para su población, sino para abastecer a otros países, algunos de nuevo pertenecientes a la UE tratando de reforzar su permanente campaña que tiene como objetivo poner de relieve la ineficacia e inoperancia de la UE.

Pero salvo estas acciones, durante este periodo Rusia parece está manteniendo cierto perfil bajo, dejando que se China quien tome el protagonismo en la rivalidad con EE. UU. y por supuesto el desgaste que ello conlleva. Mientras tanto Moscú se está ocupando de sus asuntos más cercanos como el conflicto del Donbas y aplicando la máxima que reza: "Actúa cuando el mundo entero tenga su atención puesta en otra parte", preparando sus próximos pasos en el "frente norte".

En un mundo en el que China está reclamando con toda su potencia su lugar y donde las transacciones comerciales junto con la explotación de los escasos recursos energéticos y las llamadas "tierras raras" lo son todo. El dominio sobre la mayor cantidad posible de los recursos que se encuentran en el ártico y el control de la más que probable nueva ruta comercial del norte como contrapeso a la nueva ruta de la seda diseñada y puesta en marcha por China son objetivos estratégicos que bien merecen un pequeño repliegue en otros frentes. Rusia lo ha entendido así y lleva mucho tiempo diseñando la estrategia a seguir. Parece que las circunstancias y un pequeño microorganismo le han puesto la ocasión al alcance de la mano.

Bibliografía

- Panel Discussion at the Halifax International Security Forum 2009, Arctic Security: New Great Game?

- Lance M. Bacon, "Ice breaker," Armed Forces Journal, March 2010

- George A. Backus and James H. Strickland, Climate-Derived Tensions in Arctic Security, SANDIA Report, SAND2008-6342, Sandia, NM: September 2008

- National Security Strategy, Osnovy, 2008; Strategiya natsionalnoi bezopasnosti Rossiiskoi Federatsii do 2020 goda, May 12, 2009

- Øystein Jensen and Svein Vigeland Rottem, "The politics of security and international law in Norway's Arctic waters," Polar Record, Vol. 46, 2009

- Roger Howard, The Arctic Gold Rush: The New Race for Tomorrow's Natural Resources, London, UK

- Strategic Studies Institute Monograph, RUSSIA IN THE ARCTIC Stephen J. Blank. July 2011

- Ernie Regehr Militarization and Arctic Security, July 23-27, 2017

5. Turquía y Mediterráneo Oriental

Mavi Vatam. Patria Azul

El Mediterráneo Oriental y su papel en la historia

El desarrollo militar turco

MAVI VATAM. PATRIA AZUL

Publicado en GLOBAL AFFAIRS. STRATEGIC STUDIES (UNAV) el 13 de octubre de 2020

https://www.unav.edu/web/global-affairs/detalle/-/blogs/-mavi-vatam-la-doctrina-turca-de-la-patria-azul-

Antecedentes

La segunda década de recién estrenado siglo XXI se ha desarrollado cargada de acontecimientos significativos e importantes movimientos en el plano de la geopolítica. No se puede negar que estamos iniciando una época de cambios profundos que conformaran el mundo de un modo sustancialmente diferente a como lo conocíamos a finales del siglo pasado. Y uno de los escenarios de esos movimientos es el Mediterráneo Oriental, el lugar donde surgió la civilización e incluso el sistema político que aun hoy día rige la mayoría de las naciones y que se considera el menos imperfecto. El espacio desde el punto de vista geográfico es de una importancia estratégica vital, tanto para Rusia como para Europa. Y la nación que tiene la llave de ese espacio vuelve a reclamar su pasado de potencia regional y aspira a recobrar su protagonismo en el concierto mundial. Turquía es un país sumamente interesante por muchos motivos y en muchos aspectos, pero en el momento actual se ha convertido en un actor decisivo a la vez que un socio o adversario incómodo que parece haber decidido apostar sin reserva alguna por tomar su propio camino sin importarle las ataduras que a priori podrían suponérsele por su pertenencia a la OTAN, ni la complicada relación de "amor – odio" que mantiene con Rusia.

En este artículo se trataba de explicar cuál es la base doctrinal de la forma de proceder de Turquía,

MAVI VATAM. PATRIA AZUL

Resumen

En los últimos meses, si hay un país que ha tomado el papel protagonista en el escenario geopolítico es sin duda Turquía. Y no por su implicación "tangencial" en el conflicto entre Armenia y Azerbaiyán[31], el cual no goza de la atención de los

---

[31] **Guerra Armenia – Azerbaiyán**: La zona de Nagorno Karabaj internacionalmente reconocida como parte de Azerbaiyán, pero cuya población es de origen étnico armenio ha sido objeto frecuente de enfrentamiento entre ambos países. El 27 de septiembre de 2020 Azerbaiyán inició una ofensiva con la finalidad de capturar los distritos del sur del Alto Karabaj. Los azeríes contaron con el apoyo de Afganistán, Pakistán y especialmente Turquía que tomó un papel relevante proporcionando armas y equipos, especialmente sofisticados UAV que fueron decisivos en la victoria azerí. El 9 de noviembre se firmó un alto el fuego auspiciado y patrocinado por Rusia. El apoyo de Turquía a Azerbaiyán se considera un intento de ampliar su esfera de influencia fortaleciendo la posición de Azerbaiyán en el conflicto y marginando la influencia de Rusia en la región.

medios generalistas, pero que puede tener graves implicaciones para toda la región e incluso para Europa. Sino por su papel en la situación en el Mediterráneo Oriental.

Observando de una forma global los movimientos y acciones del país otomano se puede llegar a concluir que la verdadera intención turca es la de convertirse en una potencia marítima regional que controle esa parte del Mediterráneo.

Introducción

Varias son las acciones que ha llevado a cabo Turquía en los últimos tiempos que indican la puesta en marcha de la llamada doctrina "Patria Azul".

Entre los diversos hechos para tener en cuenta podemos tomar como elemento inicial el acuerdo firmado con uno de los dos contendientes que se disputan el poder en Libia, el GNA[32] para ser más precisos.

---

[32] **GNA (Gobierno de Acuerdo Nacional):** Tras el derrocamiento del coronel Gadafi, y en el contexto de la segunda guerra de Libia entre las fuerzas leales a la Cámara de Representantes y otras afiliadas al islamista Congreso General Nacional, Naciones Unidas auspició la creación de un órgano ejecutivo que ejerciera la dirección política del país con Fayez al Sarraj al frente. A su gobierno se le conoció como GNA. Su creación fue vetada por el Congreso General y finalmente, la Cámara de representantes que sí había prestado su apoyo no aprobó la lista de ministros propuesta. No obstante, el órgano salió adelante. Hasta 2021, aun bajo el mandato de Fayez al-Sarraj, el cargo de presidente del GNA llevaba asociado el cargo de primer ministro de la nación.

Mediante el mismo, el GNA entregaba de facto a Turquía el control de las aguas territoriales libias al tiempo que establecía un corredor marítimo para Ankara en el este del mar Mediterráneo.

Lo importante de tener el control efectivo de esas aguas no es sólo el enorme volumen de tráfico marítimo que por ellas transitan, sino que bajo las mismas se encuentran estratégicas reservas de gas natural y son además zona de paso de varios gasoductos que abastecen a Europa.

Si añadimos este tratado a los movimientos de Turquía en el Mediterráneo, el Egeo, así como su implicación en los conflictos de Siria y Libia se observa que no son sino partes diferentes pero complementarias de un ambicioso plan minuciosamente trazado por Ankara desde hace algunos años para conseguir el control marítimo del Mediterráneo Este y las zonas adyacentes. El fin último de este plan sería otorgar a Turquía una independencia económica y energética que aseguren el crecimiento del país en todos los órdenes.

"Mavi Vatam – Patria Azul"

De sobra es conocida la llamada "Doctrina Gerasimov", que teoriza obre la evolución de los conflictos bélicos y proporciona pautas de actuación en el marco actual. Pero mucho menos conocido es que un país como Turquía desarrolló hace casi dos décadas su propia doctrina tratando de dibujar los movimientos geoestratégicos necesarios para alcanzar unos objetivos básicos para el desarrollo de la nación turca y lograr su papel protagonista en el concierto internacional.

El padre de dicho plan es el almirante Cem Gurdeniz[33], y fue expuesto por primera vez en 2006 bajo el nombre de "Doctrina Patria Azul".

El Almirante basa su teoría en tres pilares, los cuales llevaría mucho tiempo tratar en detalle. Sin embargo, y para el caso que nos ocupa, es interesante detenerse al menos brevemente en el segundo pilar.

Bajo este, Gurdeniz define lo que él considera las zonas de jurisdicción marítima que corresponden a Turquía y que considera vitales para su supervivencia y desarrollo. Estas abarcan zonas del Mar Negro, el Mar Egeo y el Mar Mediterráneo. Mediante la definición de estas establece las

---

[33] **Cem Gurdeniz:** Estambul, 24 de marzo de 1958. Graduado en el Departamento de Relaciones Internacionales de la Academia Naval en 1979 desempeñó diversas labores como oficial de la Armada tanto embarcado como en destinos en tierra. Fue destinado a la Escuela Naval de EE. UU. país donde completó su formación en el "Naval War College". Con experiencia en destinos internacionales y varios puestos de responsabilidad. Alcanzo el empleo de Contralmirante. Fue arrestado por el caso Sledgehammer el 11 de febrero de 2011 fue sentenciado a 18 años. En junio de 2015 su caso fue revisado resultando absuelto por entenderse que la condena se debió a pruebas falsas. Autor de numerosas publicaciones entre las que destaca el libro "*Southern Gate of the Blue Homeland: Eastern Mediterranean*" (Publicaciones Pankuş) donde desarrolla el concepto "Mavi Vatan" o Patria Azul. Fundó el Foro Marítimo de la Universidad de Koç (KÜDENFOR) en 2015. Actualmente desempeña el cargo de Director Fundador.

aguas territoriales, la plataforma continental y la zona económica exclusiva (ZEE).

El propio almirante reconoce que el problema no se encuentra ni mucho menos en el Mar Negro, donde se llegó a un acuerdo para establecer los límites de la plataforma continental en 1978 y, posteriormente, en 1987, la ZEE mediante un acuerdo con la extinta Unión Soviética. Es más, tras su desaparición se alcanzaron acuerdos con Georgia, Bulgaria y Ucrania.

La cuestión la centra en el Mediterráneo y en el Egeo. Precisamente el epicentro actual de los acontecimientos.

Los límites actuales establecidos, acuerdos de ZEE, etc. según nuestro protagonista, han sido impuestos a Turquía por la Unión Europea, considerándolos especialmente gravosos en lo que se refiere a la zona griega y a Chipre. La responsabilidad de impedir en cierto modo el desarrollo de su país lo focaliza en la UE, lo cual no deja de ser interesante cuando la propia Turquía ha tratado de formar parte de la Unión.

El eje sobre el que pivotan las acciones turcas en los últimos tiempos es el desafío. Y ello se encuentra de nuevo en las propias palabras del almirante, que afirma que la "Patria Azul" "desafía y reta notoriamente al mapa actual."

Pero a pesar de lo que pueda parecer ese no es el objetivo final de la doctrina "Mavi Vatan". Ese desafío es el camino para alcanzar su verdadero fin, y este no es otro que alcanzar el control y la consolidación de este de las tres zonas marítimas que rodean al país para, de este modo, ejercer su influencia tanto a nivel regional como internacional haciéndose con los recursos energéticos necesarios para sostener el crecimiento económico y demográfico de Turquía sin tener que depender de terceros países.

Pero como es norma en estos asuntos, la historia siempre juega un papel fundamental, y en esta ocasión no es diferente.

Los turcos continúan viendo como una afrenta el Tratado de Lausana[34] firmado en 1923 que circunscribe el país a sus fronteras y límites actuales. Mediante este quedó invalidado el tratado de Sevres[35], mucho más beneficioso, pero firmado por el imperio Otomano tras la Primera Guerra Mundial.

---

[34] **Tratado de Lausana:** Tratado firmado en la ciudad suiza de Lausana el 24 de julio de 1923 entre los gobiernos de Grecia, Turquía y las naciones que combatieron con los aliados en la Primera Guerra Mundial. Significó de la desmembración de facto del Imperio Otomano. Invalidó el Tratado de Sèvres, firmado por el Imperio otomano tras la Primera Guerra Mundial, pero que no había sido aceptado por el nuevo Estado turco fundado por Kemal Atatürk tras la guerra de Independencia Turca.

[35] **Tratado de Sevres:** Firmado en la ciudad de Sevres el 10 de agosto de 1920 entre el Imperio otomano y los países aliados de la Primera Guerra Mundial (a excepción de Rusia y Estados Unidos) como parte de la partición del Imperio otomano. Nunca entró en vigor al no ser ratificado por las partes firmantes. Con su firma el Imperio otomano renunciaba a la mayor parte de sus antiguas posesiones, limitándolo a Estambul y parte de Asia Menor. Contra este tratado, aceptado por el sultán y por el gobierno otomano, se levantaron los nacionalistas, con Mustafá Kemal Atatürk al frente, que tomaron el poder y combatieron contra griegos y armenios, obteniendo la victoria y logrando retener toda Anatolia y parte de Tracia Oriental, poniendo fin a las zonas de influencia francesa e italiana. La firma en 1923 del Tratado de Lausana anuló el Tratado de Sèvres.

En Lausana se dictó de facto la fragmentación del imperio, definiendo no sólo las fronteras de Turquía, sino las de Grecia y Bulgaria, concluyendo la soberanía turca sobre las islas del Dodecaneso, Chipre, Egipto, Sudán, Siria e Irak. El Kurdistán dejó de ser una unidad dividiéndose entre varios países y Armenia se dividió entre Turquía y la URSS. Las condiciones limitaron la capacidad de acción de los turcos poniendo al país bajo el paraguas de las potencias occidentales, situación que se ha mantenido durante los casi 100 años transcurridos desde la firma.

Para poder entender la situación actual ha de tenerse en cuenta una serie de factores y circunstancias que constituyen la base de esta.

Durante el periodo de la Guerra Fría y con la existencia del bloque comunista y su alianza militar, el Pacto de Varsovia, ese paraguas protector de occidente sobre Turquía se transformó más en una necesidad "forzada" por las circunstancias que en una imposición. La situación geoestratégica del país otomano le otorgaba una importancia vital para ambos bloques, y en el supuesto de que se desatasen las hostilidades sería uno de los primeros territorios en sufrir las consecuencias de estas. Como ejemplo vivo de su situación clave geoestratégica se debe recordar el papel que desempeñaron las bases americanas equipadas con misiles balísticos nucleares situadas en suelo turco en las negociaciones para desescalar lo que posteriormente se conoció como "la crisis de los misiles de cuba".

Pero desde los lejanos años sesenta hasta la actualidad del mundo ha cambiado por completo. Los balances de poder han cambiado, y los acontecimientos que se han ido produciendo desde comienzos del siglo XXI y especialmente durante la última década han propiciado que los actuales dirigentes consideren que ha llegado su momento.

En su momento, la caída del bloque comunista y el periodo de debilidad de Rusia comenzaron a sentar las bases de una idea muy arraigada en la Turquía actual cuyo eje principal es que el paraguas protector de occidente ya no es tan necesario (no se puede olvidar que ese paraguas también era visto en cierto modo como un corsé).

El afianzamiento de esta idea ha coincidido con una etapa de gran crecimiento tanto económico como demográfico del país otomano, con previsiones de alcanzar los 90 millones de habitantes en 2030. Ambos parámetros tienen grandes implicaciones económicas, pues suponen un incremento notable en las necesidades energéticas del país. Si estas necesidades no son satisfechas no será posible sostener ese crecimiento poblacional ni acompasarlo con un adecuado desarrollo industrial.

La base del imprescindible desarrollo industrial es la independencia energética. Es uno de los factores clave que pueden permitir llevar adelante los diferentes proyectos. Actualmente las necesidades energéticas son cubiertas mediante el suministro desde terceros países. Los principales exportadores de recursos energéticos a Turquía son Rusia, Irán, Irak y Libia. Esta dependencia externa es una de las razones para el espectacular desarrollo de las capacidades militares turcas en los últimos años y su implicación directa en diversos escenarios inestables: es imprescindible mantener asegurado sin interrupciones el suministro de energía. Y ahí se puede encontrar una de las principales razones a las intervenciones en el norte de Siria, norte de Irak, Líbia…

No obstante, esta no es la única razón para dichas intervenciones, existen otras motivaciones de índole político, compromisos que obligan a Turquía a tomar partido de un modo u otro. El problema kurdo, digno por sí mismo de un documento monográfico es uno de ellos.

Pero a pesar de las posibles motivaciones políticas, en la "Doctrina Patria Azul" el eje principal es la necesidad de alcanzar la independencia energética, y para ello es necesario tomar el control de los recursos energéticos necesarios y lograr la libertad de acción en este campo.

Dos son las esferas que establece para conseguir este objetivo.

La primera consistiría en el establecimiento de un área de seguridad y de control inmediato de los mares que rodean el país: el Mediterráneo, el Egeo y el Mar Negro.

La segunda, de carácter estratégico se extiende incluyendo el Mar Rojo, el Mar Caspio y el Mar Arábigo, incluido el Golfo Pérsico.

El dominio turco del espacio marítimo señalado incluye el control sobre las reservas de gas y petróleo que hay en esas aguas. Esa posición de dominio marítimo se refuerza mediante el establecimiento de alianzas con los países de la zona, proporcionándoles apoyo, estableciendo bases militares en su territorio y facilitando material y adiestramiento militar a sus ejércitos, asegurándose así su apoyo. Esto es un hecho, y Turquía ya dispone de bases en Somalia, Sudán, Libia y Qatar, países a los que suministra sistemas de armas de fabricación propia y con los que mantiene acuerdos militares de diversa índole.

En este punto se debe hacer un inciso. Estos movimientos no son bien vistos por todos los países de la zona. Algunos de los cuales ven amenazada su actual posición y sus propias aspiraciones de crecimiento, poder e influencia en la región. La existencia de una potencia regional dominante no suele dejar demasiado margen de maniobra. Y es importante citar también en este punto otras palabras del padre de la doctrina "Patria Azul": "Turquía no necesita ningún aliado para proteger la patria. Nuestra plataforma continental es nuestra patria y tenemos que protegerla".

Sin embargo, afirma que en el futuro las relaciones entre Italia, Tunez, Líbia y Turquía serán el eje principal del Mediterráneo. Obviando deliberadamente a países como Francia, Grecia y España.

Tradicionalmente, la Fuerza Naval turca tenía como área habitual de operaciones el Mediterráneo, el Mar Negro y el Egeo.

Pero desde hace no mucho ha ampliado su zona de actuación extendiéndola hacia el Mar Rojo, el Mar Arábigo y el Golfo Pérsico y llegando incluso a operar en estrecha colaboración con Pakistán.

Esta visión estratégica, centrada en el dominio del mar, a parte de las razones expuestas previamente referidas al control de los recursos energéticos, tiene su explicación en el convencimiento que tiene Turquía de que su especial orografía, muy abrupta ofrece ya de por sí una defensa natural y disuasoria ante cualquier agresión por tierra.

Además, la doctrina "Patria Azul" parte de la base de que Turquía debe ser una potentica eminentemente marítima y es por tanto una doctrina realista de autodefensa de las zonas marítimas que por derecho corresponden a Turquía para protegerlas con la mirada puesta en las generaciones venideras.

Por tanto, las fronteras marítimas, que se extienden por tres mares diferentes son percibidas hasta el momento como el punto débil de la nación. Y eso precisamente lo que está en proceso de transformación.

Este punto de vista tiene su raíz histórica en el antiguo imperio otomano, al cual hace referencia en numerosas ocasiones el almirante Cem Gürdeniz en sus escritos, y fue el que llevó a Erdogan[36], poco después de acceder al poder, a iniciar un programa completo de desarrollo y modernización de su Fuerza Naval conocido como "*Milgem*". En este proyecto se han realizado fuertes inversiones de todo tipo y no se han escatimado esfuerzos, pues para lograr el desarrollo de unas fuerzas armadas, especialmente en su vertiente marítima, que sustenten el objetivo de erigirse como una potencia regional e internacional es clave un desarrollo tecnológico independiente de la industria turca.

---

[36]**Recep Tayyip Erdoğan:** Estambul, 26 de febrero de 1954. Presidente de Turquía desde agosto de 2014. Con anterioridad desempeñó el cargo de primer ministro entre marzo de 2003 y agosto de 2014. Entre 1994 y 1998 ocupó la alcaldía de Estambul. Musulmán por voluntad propia, en 1973 se graduó en una escuela para imanes y posteriormente cursó estudios en economía y comercio en la Universidad de Mármara. De origen político islamista y como alguien que se describe a sí mismo como un demócrata conservador, ha alentado una política de corte liberal conservadora.

En los últimos años la industria de defensa turca ha experimentado una espectacular evolución, demostrando la efectividad de sus desarrollos en los escenarios libio, sirio y más actualmente en el conflicto entre Armenia y Azerbaiyán. Se ha puesto gran énfasis en el desarrollo de buques de guerra, UAV y sistemas de armas avanzados de gran calidad. El capítulo de los UAV es particularmente significativo y debe ser objeto de un estudio en profundidad incluso desde el punto de vista nacional en España.

De nuevo aquí encontramos dos intenciones claramente definidas: por un lado, alcanzar un nivel tecnológico puntero en sus fuerzas armadas que respalde la consecución de los objetivos señalados previamente. Y por otro situarse como referencia en el campo de la exportación de armas para lograr ingresos y poder influir en los países de su interés y sus políticas del mismo modo en que lo hacen EE. UU., China y Rusia.

Siendo más concretos: en el marco del programa "*Milgem*" se han construido cuatro corbetas antisubmarinas, un buque de obtención de inteligencia, cuatro fragatas para guerra de superficie y cuatro fragatas antiaéreas. El programa también incluye cuatro corbetas de última generación para la Armada de Pakistán como una forma de exportar sus avances, aumentar la ya estrecha colaboración entre ambos países y obtener, como no, beneficios económicos para la industria armamentística.

Del mismo modo, treinta y tres nuevas barcazas de desembarco con capacidad para el transporte tanto de tropas como de vehículos acorazados han sido entregadas a la Fuerza Naval turca. El desarrollo y perfeccionamiento de las capacidades de asalto anfibio por parte de Turquía suponen un factor para tener en cuenta en un hipotético aumento de la tensión con Grecia, especialmente en lo que se refiere a las reclamaciones sobre las islas situadas al este del país y sus aguas.

El desarrollo de las capacidades de guerra naval se completa con la fabricación de seis nuevos submarinos de factura alemana construidos bajo licencia de HDW en la propia Turquía, concretamente del modelo U-214.

Estos nuevos sumergibles están equipados con un sistema AIP[37] que les permite permanecer durante largos periodos sin salir a superficie, y se unen a los diez que el país otomano operaba hasta el momento.

Este dato es uno de los más significativos desde el punto de vista de su capacidad desestabilizadora. Hasta el momento

---

[37] **AIP:** Sistema de propulsión Independiente de Aire. Tecnología que permite que un submarino pueda operar bajo el agua sin la necesidad de emerger a la superficie o tener que usar el sistema snorkel para obtener oxígeno del exterior. Este sistema no proporciona suficiente energía para reemplazar totalmente la propulsión dependiente de aire, pero permite que el submarino permanezca bajo el agua durante más tiempo que los submarinos convencionales

ha sido Grecia la que ha mantenido cierta superioridad tecnológica en este campo. Pero la entrada en servicio de las nuevas unidades turcas cambia significativamente el sentido de la balanza. Los submarinos, además de ejercer como perfectas plataformas de obtención de inteligencia, especialmente en las disciplinas SIGINT (Inteligencia de Señales) y COMINT (Inteligencia de comunicaciones), son excelentes armas disuasorias capaces de negar el acceso a una flota entera a una extensa área.

El elemento más significativo del pretencioso programa es un buque de asalto anfibio o LHD llamado “Anadolu”. Este barco, de características muy similares al Juan Carlos I que opera la Armada española, es un salto cualitativo en cuanto a las capacidades que proporciona, pues no solo puede transportar barcazas de desembarco, sino que desde su cubierta pueden operar diferentes tipos de helicópteros, UAV y en su caso aviones de combate de despegue vertical.

Actualmente el único aparato de dichas características factible es el F35B, que es la variante con capacidad de despegue y aterrizaje vertical (VSTOL). Turquía formaba parte de las naciones que habían decidido adquirir dicho avión de combate, aunque en su versión A, que es la estándar para la Fuerza Aérea. Incluso la entrega de las primeras unidades ya tenía fecha fijada.

Pero la decisión del gobierno de Ankara de adquirir material antiaéreo ruso de última generación como es el sistema S400 ha llevado a EE. UU. a vetar su continuidad en el programa de adquisición del F35B, de hecho, los primeros aparatos destinados al país otomano han sido vendidos a la USAF. De todos modos, la intención de Turquía no era la de adquirir la versión VSTOL, lo cual deja en el aire su verdadera intención sobre que aeronaves equiparán el buque.

El proyecto se completará con la construcción de un segundo buque de asalto anfibio, el "Trakya". La posesión de dos unidades de este tipo proporciona a la fuerza naval turca unas capacidades muy superiores a las de sus vecinos en la región, otorgándole la capacidad de proyectar su fuerza anfibia en operaciones estratégicas y en dos escenarios simultáneamente.

El verdadero valor de estas capacidades no es el operativo en sí mismo, sino el concepto disuasorio que representa.

La implicación de Turquía en los conflictos de Siria y Libia ha servido a las Fuerzas Armadas turcas y entre estas a sus unidades navales para obtener una enorme y valiosa experiencia en combate que le ha sido de gran utilidad para actualizar y mejorar su doctrina y sus capacidades operacionales. Esto, unido a la elevada calidad de la formación que reciben sus unidades, la calidad de su equipamiento y al desarrollo tecnológico y armamentístico descritos, son los tres pilares necesarios para la puesta en marcha de la doctrina Patria Azul. La gran incógnita es cómo reaccionarán las otras potencias regionales directamente afectadas ante el avance de este plan estratégico.

Conclusiones

Los intereses son múltiples y a menudo cruzados, y afectan no solo a los países ribereños de esa zona del Mediterráneo, sino a potencias como Rusia y Francia y a organizaciones internacionales como la OTAN.

Incidentes entre naciones en principio aliadas ya se han producido, llevando incluso a que Francia se retire de la operación de la OTAN en el Mediterráneo[38] debido al problema acaecido entre una fragata gala y otra turca[39], y

[38] **Operación Irini:** Operación militar de la PCSD (política común de seguridad y defensa de la UE) en el Mediterráneo cuya finalidad es hacer efectivo el embargo de armas decretado por las Naciones Unidas a Libia. El objetivo principal de la operación cosiste en aplicar el embargo de armas de las Naciones Unidas con medios aéreos, satélites y recursos marítimos de conformidad con la Resolución 2292 (2016) del Consejo de Seguridad de las Naciones Unidas. Ankara es uno de los principales aliados militares del Gobierno de unidad de Trípoli y que ha llegado a cargar contra la operación acusándola de desequilibrar la contienda libia.

[39] El 10 de junio de 2020 la fragata "Courbet" de nacionalidad francesa fue iluminada tres veces por el radar de tiro contra objetivos navales de un buque de la marina turca cuando intentó acercarse a un barco civil turco sospechoso de estar involucrado en el tráfico de armas. El barco estaba siendo escoltado por tres

teniendo como consecuencia un ataque contra posiciones turcas por parte de aviones Rafale procedentes de bases en E.A.U, pero cuya nacionalidad continua sin estar clara.

No hay duda de que la actitud turca y la puesta en marcha de su plan pone en una situación de debilidad a la Alianza, pues uno de los motivos que sustentan el plan es la percepción que tiene Turquía de que ya no necesita el paraguas del amparo de occidente para la defensa de sus intereses.

Por otro lado, Turquía juega con la baza de ser poseer la llave de la puerta de entrada al torrente de inmigrantes procedentes de Siria, Libia, Somalia y Eritrea hacia la Unión Europea. Y la usará como medida de presión ante cualquier reacción o posicionamiento de Europa en contra de sus intereses.

El Mediterráneo oriental ha recobrado el papel protagonista en la geopolítica mundial que ya tuvo en el siglo XVI, solo que esta vez tenemos a nuevas potencias como Rusia que también reclaman su espacio y su necesidad de una presencia permanente y fuerte en esa zona. No podemos obviar la relación que tiene con el conflicto de Crimea y con la necesidad estratégica de poder controlar en cierto modo

---

buques de guerra turcos. La fragata "Courbet" se alejó después de ser apuntada.

ambos lados del Bósforo y asegurar la salida al Mediterráneo de la flota del Mar Negro.

Todos estos intereses económicos, energéticos y políticos están creando una situación muy complicada donde además se unen los conflictos "internos" de Siria y Libia, creando una sobrepresencia de unidades militares, combatientes, compañías militares privadas, sistemas de armas, aviones, UAV etc. que, en cualquier momento, y a causa de cualquier error inopinado pueden dar lugar a un incidente que por leve que sea tenga consecuencias imprevisibles e irreparables.

Corolario

En el momento de la publicación de este trabajo, la tensión en el Mediterráneo oriental era máxima. Los conflictos de Siria y Libia se encontraban en plena ebullición, los incidentes que involucraban a tropas sirias, empresas militares privadas como Wagner, fuerzas turcas e incluso roces entre fuerzas norteamericanas y rusas eran una constante.

Al mismo tiempo, Turquía, en sus aspiraciones a potencia regional dominante y con grandes intereses principalmente en el conflicto libio como ya se ha expuesto, entendió la operación "Irini" como cum ataque directo hacia esos intereses. Y no es un secreto que la necesidad de la UE de que Turquía actúe de freno ante las avalanchas de inmigrantes ilegales proporciona a Ankara un plus de poder que le lleva a permitirse acciones como la descrita con la fragata francesa, siendo además ambos aliados en el seno de la OTAN.

Con el paso de los meses la presión se ha ido aliviando, no sólo de forma efectiva sino la mediática, pues hechos como la retirada total de EE. UU. de Afganistán con lo que ello ha supuesto, y el aumento de la tensión en la región Asia-Pacífico han tomado la atención de todos los analistas y como no de todos los medios.

Sin embargo, Turquía sigue adelante con sus planes. Su intención es firme, y prueba de ello es el papel protagonista del país otomano en el último conflicto entre Armenia y Azerbaiyán. Su posición geoestratégica no sólo le viene dada por el plano geográfico, sino por cómo ha sabido hacerse un hueco en el encaje actual, sabiendo compensar de un modo hasta ahora muy inteligente sus relaciones con la Unión Europea, Rusia y las potencias de Próximo Oriente. Y en el concierto actual, cuando se cierne sobre el mundo, y especialmente sobre Europa, una crisis energética de proporciones hasta ahora no conocidas, debido principalmente a los problemas de abastecimiento de gas, de escasez de materias primas, y de colapso en el transporte de mercancías, Turquía parece ser uno de esos países cuya situación geográfica y enfoque de la situación puede tener un papel protagonista.

Bibliografía

- Kasapoglu, 'The Blue Homeland': Turkey's largest naval drill. Anadolu Agency 27 February.

- SETA Security Sadar Turkey's geopolitical landscape in 2020

- Kara Harp Okulu Bilim Dergisi, "An assesment of eastern mediterranean maritime boundary delimitation agreement between Turkey and Libya" Science Journal of Turkish Military Academy Haziran /June 2020

- Eyal Pinko, "Turkey's Maritime Strategy Ambitions: The Blue Homeland Doctrine (Mavi Vatan)" Research Institute for European and American Studies (www.rieas.gr) April 2020

EL MEDITERRANEO ORIENTAL Y SU PAPEL EN LA HISTORIA

Publicado en Atalayar, 23 de agosto de 2020

https://atalayar.com/blog/el-mediterr%C3%A1neo-oriental-y-su-papel-en-la-historia

Antecedentes

Este trabajo surge como consecuencia del anterior. Si bien en aquel se centraba todo en Turquía, con este se pretende enmarcar la acción turca dentro del contexto regional, analizando las diversas interactuaciones, así como las posibles consecuencias que pueden tener las acciones de todos y cada uno de los protagonistas.

EL MEDITERRANEO ORIENTAL Y SU PAPEL EN LA HISTORIA

El Mediterráneo oriental se ha convertido en el epicentro de los grandes movimientos geopolíticos de los últimos tiempos.

No deja de ser cierto que esa zona siempre ha sido un foco de conflictos y generadora de tensiones que de un modo u otro terminaban reflejándose en otras regiones. Pero hasta el momento nunca había tomado el protagonismo que tiene hoy día como elemento fundamental del tablero de juego ni como lugar donde se dirimen cuitas y cuestiones que pueden cambiar el rumbo de la historia.

Dicho así puede resultar exagerado, pero cuando se presta atención a los asuntos que están en juego, a los actores directamente implicados y a los que de un modo u otro tienen intereses por una u otra parte, el panorama que se muestra ante nuestros ojos es impactante. Parece como si la historia, en uno de sus giros, con cierto aire de sarcasmo, nos recordara que justo en esa zona tenemos la cuna de la civilización que allí nacieron los mayores imperios que la humanidad ha conocido y, que en cierto modo vuelve a reclamar su lugar.

Dentro de los movimientos que se observan, hay uno especialmente preocupante para Europa y sus diferentes organizaciones supranacionales. Pocos podían pensar el papel que tomaría Turquía aprovechando la evolución de la situación. Su implicación ha ido progresando de un modo ascendente hasta convertirse en el actor principal y en el elemento clave capaz de provocar una desestabilización sin precedentes no sólo en el área de su interés, sino en toda Europa, en la Unión Europea y en la OTAN. De hecho, ya hay voces que claman que si el país otomano va más allá podría provocar la disolución de facto de la Alianza. Esta aseveración tal vez pueda ser algo exagerada, pero una crisis profunda y grave sí que sería algo más que probable, y desde luego, coincidente en el tiempo con los negros nubarrones que se aproximan por el Este vía Bielorrusia provocaría un escenario cuanto menos inquietante. No olvidemos que nos encontramos en un momento en el que todo aquel que tiene ciertas aspiraciones y se considera con capacidad de influencia política y músculo militar suficiente está acechando a que las circunstancias le ofrezcan su oportunidad.

En el anterior trabajo se puso de manifiesto cuales son las bases sobre las que Turquía asienta su política exterior actual y los fundamentos de la doctrina "Mavi Vatam" o "Patria Azul".

Pero el gobierno de Ankara parece decidido a ir más allá y a implementar sus aspiraciones a toda costa, y para tratar de encontrar alguna explicación es importante mencionar ciertos factores.

El primero y fundamental es la necesidad. Como describió magistralmente Santiago Modéjar (@intelogia)[40] en su

[40] MONDEJAR, Santiago "Las Tribulaciones de un aprendiz de brujo turco" agosto 2020, https://atalayar.com/blog/las-tribulaciones-de-un-aprendiz-de-brujo-turco

artículo, a pesar de las apariencias, la economía turca sufre enormes dificultades y es vital para el país hacerse con los recursos necesarios que le proporcionen esa ansiada independencia energética que al mismo tiempo le permita sanear su economía y continuar con su desarrollo tecnológico e industrial.

Junto a esa necesidad se encuentra la percepción que tiene Turquía de que las antiguas amenazas han cambiado. La guerra de bloques y la amenaza de una URSS a las puertas de sus fronteras que la situaban en primera línea empujaron a Turquía a los brazos de la OTAN, convirtiéndose además en una pieza fundamental de esta organización tanto por su ubicación geográfica como por su imponente ejército, uno de los dos más numerosos de los miembros continentales de la Alianza. Pero la posibilidad de una invasión soviética hace mucho que quedó atrás, y las diferencias e incluso enfrentamiento con la Rusia actual se dirimen en otros campos de batalla y otros escenarios.

Otro factor para tener en cuenta es el problema migratorio. La guerra de Siria empujó a miles de refugiados no solo sirios, sino de otras muchas nacionalidades que, aprovechando la situación de caos, y víctimas de las mafias, se lanzaron a buscar el sueño europeo. Y la Unión Europea hubo de acudir a Turquía en busca de ayuda como elemento de contención de una avalancha imparable. El país otomano aprovechó la situación para obtener ayudas y apoyos, pero al mismo tiempo tomó conciencia del enorme poder que le otorgaba dicha situación.

Y a ello hay que añadir el profundo conocimiento que tiene Turquía de las dinámicas de la UE y de las enormes dificultades que presenta, salvo en contadas excepciones, lograr una respuesta rápida, unánime y contundente ante cualquier asunto, y mucho más en la situación actual en la que la pandemia no sólo lleva a los países miembros a mirar por sus propios intereses, sino que complica mucho más cualquier decisión conjunta. Sobre todo, en asuntos que afectan a intereses de seguridad y económicos que a priori sólo tiene repercusión directa para alguno de sus miembros.

Por último, hay un elemento que no suele tenerse en cuenta pero que en la mentalidad de los actuales dirigentes turcos tiene su peso. En el pasado, y en diversas ocasiones y circunstancias Turquía ha llamado a las puertas de le UE solicitando que se tomara en consideración la posibilidad de iniciar los trámites para dar los pasos que la llevaran a ser admitida dentro de la Unión. Estas llamadas siempre han sido respondidas con unas muy diplomáticas negativas, pero la realidad es que son perfectamente conocedores de que esa negativa es definitiva. Y el resultado es una mezcla de frustración y resentimiento.

Por lo tanto. ¿Qué motivos hay para que Turquía de marcha atrás en sus acciones y aspiraciones?

El último episodio en esta escalada viene marcado por el desplazamiento del buque Oruc Reis, encargado de realizar prospecciones sísmicas con vistas a localizar posibles yacimientos de gas, en las proximidades de la isla griega de Kastellorizo en unas aguas causa de disputa entre ambos países. Para dejar claras sus intenciones, a dicha nave le acompañan varios buques de guerra en un claro mensaje de que Turquía no permitirá que se interrumpan sus trabajos.

Grecia ha acudido a la Unión Europea, pero como era de esperar, una respuesta conjunta y determinante se está haciendo de rogar.

Las prospecciones se están llevando a cabo en una zona donde las disputas entre Turquía, Grecia e Israel no son algo inusual.

La escolta del Oruc Reis no es nada desdeñable, nada menos que cinco barcos pertenecientes a la Fuerza Naval turca. Y Grecia ha desplazado unidades navales propias para vigilar sus actividades y preservar sus aguas de soberanía, algo que inevitablemente ha aumentado la tensión.

Turquía por su parte anunció que sus actividades en la zona se desarrollarían entre el 10 y el 23 de agosto. Un anuncio así no sólo debe ser visto como una forma de "advertir" a los países de la zona, sino que significa una forma de "obligarse". Al anunciar el periodo de inicio y finalización, cualquier interrupción en los trabajos seria visto como un triunfo de

Grecia en este caso, y por lo tanto al poner fecha de conclusión están marcando un punto de no retorno. No aceptarán que nada impida llegar a él. Prueba de ello son las declaraciones del ministro de asuntos exteriores Mevlut Cavusoglu[41] afirmando que Turquía continuará con sus actividades de exploración en el Mediterráneo oriental y que bajo ningún concepto renunciará a sus derechos. A ello añadió que Ankara otorgará nuevos permisos para prospecciones en la zona oeste de su plataforma continental a partir de finales de agosto.

Si tratamos de acotar a los actores principales en este asunto debemos ceñirnos a Turquía, Grecia, Egipto, Chipre e Israel.

La primera respuesta de Grecia, buscando alianzas y apoyos ha sido firmar un acuerdo con Egipto para establecer una zona económica exclusiva conjunta en la región. Algo evidentemente visto con recelos por Ankara.

Del mismo modo, Grecia, Chipre y Egipto ya denunciaron el tratado entre Turquía y el GNA que incluía acuerdos en materia de seguridad.

Lo interesante es la actitud de Tayyip Erdogan, la cual podría calificarse como la del bombero pirómano. Pues tras las protestas de Grecia ante la UE pidiendo algún tipo de

---

[41] **Mevlut Cavusoglu**: 5 de febrero de 1968. Ministro de asuntos exteriores de Turquía desde noviembre de 2015. Miembro fundador del Partido de la Justicia y el Desarrollo. Es miembro de la Asamblea Nacional de Turquía en representación de la provincia de Anatolia desde 2002.

reacción conjunta manifestó que “debían actuar todos como países Mediterráneos buscando fórmulas que protegieran los derechos de todos”. Añadiendo a renglón seguido “No podemos permitir que otras naciones ignoren a un gran país como Turquía y traten de mantenerlo constreñido entre sus límites costeros”. Lo cual, no deja de sonar a advertencia, aunque también podría interpretarse como un mensaje de liderazgo dejando claro su pretensión de convertirse en la potencia regional.

Otro elemento que no se puede pasar por alto y que podría haber actuado como catalizador de la deriva turca es el acuerdo firmado en enero entre Grecia, Chipre e Israel para llevar adelante el proyecto del gasoducto que recorrerá el Mediterráneo oriental hasta territorio europeo. Este proyecto cuenta con la frontal oposición de Ankara, pues choca directamente con sus aspiraciones. El origen de este enfrentamiento lo encontramos en Chipre. La República turca del norte de Chipre no está reconocida internacionalmente, pero Turquía reclama para ella todos sus derechos, y esa reclamación incluye tanto aguas territoriales como la zona económica exclusiva. Y los yacimientos de gas que darían origen a ese gasoducto se encuentran dentro de la zona económica exclusiva de la isla. Es por ello por lo que Ankara reclama su parte de dichos yacimientos.

Pero en contrapartida, el acuerdo firmado entre Turquía y el GNA establece una zona económica que entra en directa colisión con Grecia, pues dentro de la misma están las islas de Creta y Rodas.

Como puede observarse Turquía está jugando por un lado con la situación "indefinida" o no resuelta de Chipre y por otro con la fortaleza que le otorga su papel en el conflicto de Libia, poniendo con su reciente acuerdo con Libia sobre la mesa la disputa por las aguas de dos importantes islas como Rodas y Creta como pieza de negociación para obtener rédito de los yacimientos de gas de Chipre. Y todo ello respaldado por su propia agenda estratégica "Patria Azul".

Por ello podemos identificar tres puntos fundamentales origen de una disputa por el control de unas aguas potencialmente ricas en recursos energéticos: Kastellorizo, Creta y Rodas y Chipre. En función de cómo se interprete la normativa internacional y la validez de los diferentes acuerdos, la balanza puede inclinarse claramente en beneficio de uno u otro de los contendientes. Pero no se puede olvidar algo, y es la firme determinación de Turquía a no ser la perdedora del juego, y este es un factor muy importante a la vez que peligroso.

Los incidentes no confirmados pero anunciados por Turquía que habrían afectado a embarcaciones deportivas o recreativas acosadas o incluso atacadas según se ha llegado a decir, por parte de buques de guerra griegos deberían ponernos en guardia. Dichos supuestos actos por parte de Grecia podrían servir de justificación para una presencia mayor e incluso permanente de naves turcas en la zona, lo cual equivaldría a una ocupación del terreno en un enfrentamiento terrestre.

De cara a futuras negociaciones ello significaría una posición de fuerza: "*si yo ocupo el terreno no se discute sobre a quién pertenece, sino como acordamos que yo lo desaloje y que obtengo a cambio*". Es sencillamente un cambio esencial en las reglas del juego.

Un cambio que pone frente a frente al que decíamos unas líneas más arriba que era el mayor ejército de los países continentales de la OTAN con el segundo en tamaño. A estas alturas es obvio el motivo de que tanto Grecia como Turquía tuvieran y aun tengan unas fuerzas armadas tan desmesuradas en proporción al resto de sus aliados, y la antigua URSS no era la razón.

En este apartado de poderío militar hay que hacer referencia a un elemento que a futuro puede inclinar la balanza de lo que está sucediendo.

Hoy todos los movimientos navales turcos están siendo minuciosamente monitorizados por el arma submarina griega, que hasta el momento mantiene cierta superioridad tecnológica. Pero a lo largo de este año la balanza cambiará su posición con la entrada en servicio de los seis nuevos submarinos de factura alemana construidos para la fuerza naval turca. El cambio será determinante, y a estas alturas de la situación este tipo de factores cuentan y mucho.

Para concluir nuestro análisis debemos hacer referencia a las implicaciones internacionales. La guerra de Libia ha enfrentado directamente a Francia con Turquía, aliándose el país galo con las tesis de Grecia. Y esta guerra y los intereses que genera ha creado de facto una división en el seno de la UE y por ende de la OTAN, alineando de un lado a España, Italia y Malta, si no con Turquía, si con las tesis contrarias a aplicar sanciones por su actitud. Y de otro a Grecia, Francia y Chipre contra el país otomano.

Es esta una situación del todo indeseable por las consecuencias que puede tener en el seno de ambas organizaciones, y por la oportunidad que esta división ofrece a otros actores con fuertes intereses en la frontera este y que de nuevo está simplemente esperando su oportunidad.

Es inevitable volver los ojos atrás y ver como ciertas alianzas o “simpatías” entre naciones se vuelven a dar casi exactamente de la misma forma en que se dieron hace poco más de cien años. La historia tiene ese encantador punto de ironía y los hombres esa detestable tendencia a la desmemoria.

Corolario

Si bien en el momento de revisar este artículo la tensión en la zona ha disminuido, al menos aparentemente, de un modo apreciable, en el mismo hay apuntes aun tema de máxima actualidad y que de seguro contribuirá a que esa tensión resurja antes o después, pero con mucha más virulencia. Y es el tema del gas.

En la actualidad Europa se enfrenta a un serio problema de desabastecimiento energético, principalmente gas. Tanto es así que ya comienza a plantearse la posibilidad de que se produzcan apagones más o menos duraderos en algunas zonas, algo que ha llevado a algunos gobiernos a difundir entre su población medidas a tomar para prepararse ante tal eventualidad. La entrada en servicio del conocido como Nordstream 2 está rodeada de gran polémica, y para terminar de acuciar el problema en estos días, dentro del marco de tensión creciente entre Marruecos y Argelia este último país ha decidido suspender el suministro de gas a España a través del gasoducto que recorría territorio marroquí. Ello no sólo supone una merma importante en los ingresos de Marruecos, sino que deja a España dependiente de un solo gasoducto para recibir el gas que necesita. Algo del todo insuficiente.

Por todo lo anterior el posible descubrimiento de yacimientos de gas en el Mediterráneo Oriental y su posterior explotación cobra de nuevo una importancia vital para Europa y de seguro las tensiones volverán a aumentar en los próximos meses.

EL DESARROLLO MILITAR TURCO

Publicado en Atalayar nº 33 abril de 2021

Antecedentes

Después de los dos trabajos anteriores dedicados al papel que desempeña actualmente el Mediterráneo oriental en la geopolítica mundial y de entrar en profundidad en el papel concreto de Turquía y su doctrina “Patria Azul”, este documento intenta adentrarse en la vertiente militar del desarrollo turco, analizando sus capacidades y su apuesta clara por alcanzar una independencia en este plano.

EL DESARROLLO MILITAR TURCO

Introducción

Es un hecho constatado el papel relevante que durante los últimos años ha tomado Turquía en el escenario internacional. Este protagonismo ha venido resaltado por la intervención del país otomano en diversos conflictos regionales, así como por una clara demostración de sus aspiraciones en lo que se refiere a la presencia y control de gran parte del Mediterráneo Oriental, retomando con renovado énfasis sus reivindicaciones territoriales y marítimas al respecto.

Esta posición y la implicación en los conflictos de Siria y Libia está respaldada por una creciente demostración de capacidades militares, las cuales son en gran medida fruto de una política industrial y tecnológica basada en el desarrollo de tecnología propia, consiguiendo de ese modo un alto grado de independencia en el campo de la industria militar, y cuyos avances serán transferidos a la industria civil. Esa política se ha convertido al mismo tiempo en una importante fuente de ingresos, pues no pocos de los nuevos sistemas de armas de manufactura turca se están posicionando de una manera muy competitiva en el mercado armamentístico mundial.

Paradójicamente, el punto de partida de este salto cualitativo podemos situarlo en el intento de golpe de estado de 2015[42].

Las relaciones entre el estamento militar y la sociedad civil turcas han sufrido un proceso de normalización desde el intento del mencionado intento de alzamiento. La purga en

---

[42] **Golpe de Estado**: La noche del 15 al 16 de julio de 2016, algunas facciones dentro de las Fuerzas Armadas de Turquía se alzaron con la finalidad de derrocar al presidente Recep Tayyip Erdoğan y el Gobierno del primer ministro Binali Yıldırım. La asonada tuvo como principales escenarios la capital política, Ankara, y la ciudad de Estambul, capital económica de facto del país.

las Fuerzas Armadas comenzó en julio de 2015, menos de dos semanas después del golpe, bajo el amparo del decreto del estado de emergencia, afectando a la cúpula de los tres ejércitos.

La llegada al mando de las fuerzas armadas del general Hulusi Akar vino acompañada de una avalancha de planes para transformar estas en su organización, mentalidad, puestos…

Esto no se sintió como una novedad, pues antes del golpe la conciencia de una profunda necesidad de cambio y transformación ya subyacía en todos los niveles de mando.

En línea con esa nueva corriente de pensamiento y como muestra palpable de la transformación sufrida, las capacidades de proyección de fuerza de la Armada quedaron patentes en 2019 durante la ejecución del ejercicio "Patria Azul", nombre que ya debe sonar familiar por corresponderse con el de la nueva doctrina base de los cambios llevados a cabo y de la política exterior otomana. A la participación de unidades de la flota, helicópteros, aviones y unidades de operaciones especiales de la Armada, se unieron helicópteros de transporte y de ataque del Ejército de Tierra, así como aviones de combate y de alerta temprana de la Fuerza Aérea.

Todo ello sirvió como muestra de la capacidad de llevar a cabo operaciones conjuntas en base a un dominante componente naval, centro de gravedad de la doctrina que daba nombre al ejercicio. Y un dato muy importante y clave: era la primera vez en la historia moderna de Turquía en la que se ponía a prueba la capacidad de su Fuerza Naval para operar simultáneamente en el Mar Negro, el Egeo y el Mediterráneo.

Otro aspecto relevante del cambio en la política militar e intervencionista de Turquía viene representado por la evolución de sus acciones en materia antiterrorista y por el incremento de su presencia militar en diversos escenarios. En el marco de esas operaciones, Turquía ha demostrado el desarrollo de nuevas capacidades como el misil balístico de corto alcance "Bora".

Otro punto para destacar es el estrechamiento de lazos con Qatar, consecuencia de las sanciones y bloqueo liderado por Arabia Saudí en junio de 2017, aumentando la cooperación en materia de industria militar y llevando a cabo ejercicios militares conjuntos. A ello se une, tras el encuentro bilateral entre el presidente Erdogan y el Jeque Al-Thani, la firma de siete acuerdos que cubren áreas tan diversas como la economía, el comercio, la industria y el desarrollo tecnológico.

Geopolítica Regional

El ejercicio "Patria Azul" fue el marco ideal para poner a prueba la integración de los modernos drones desarrollados por Turquía, así como de vehículos terrestres no tripulados (UGV) con las capacidades militares convencionales existentes. La operatividad de los desarrollos propios de sistemas C3I (Mando, Control y Comunicaciones) fue otro de los aspectos evaluados junto con un programa de confrontación naval diseñado para ayudar en el proceso de toma de decisiones en tiempo real en un escenario de combate de alta intensidad. Del mismo modo, mediante la visita a puertos de diferentes países como Bulgaria, Rumania, Ucrania, Rusia, Georgia y la República turca del norte de Chipre las estructuras de mando y control y las capacidades de apoyo logístico fueron puestas a prueba.

Queda con todo ello patente que "Patria Azul" no fue sólo un ejercicio diseñado para mostrar la capacidad de disuasión de Turquía, así como su "músculo" militar, preparación y capacidad de movilización de su fuerza naval, sino para reafirmar tres puntos clave de la visión geopolítica del país otomano en relación con su estrategia marítima.

El primero es determinar el concepto de "Patria Azul" como parte integral de una estrategia nacional de seguridad donde el territorio y su integridad es el centro de gravedad. Por lo tanto, la doctrina "Mavi Vatan" es un aspecto complementario de la proyección del poder turco tanto en las proximidades de sus fronteras terrestres o marítimas como allá donde considere.

En segundo lugar, esta doctrina subraya la visión activa que tiene Turquía sobre su política exterior y de seguridad como respuesta a la inestable situación geopolítica que vive su área de influencia.

Tercero, proporciona una respuesta tanto a medio como largo plazo a la cuestión de cómo la industria de defensa turca debe reorganizarse para ocupar un lugar prominente dentro de un competitivo escenario geopolítico, algo que ya puede decirse que es una realidad. Y dentro de este punto es donde se enmarcan las relaciones entre Turquía y Qatar, pues son de una importancia estratégica vital desde el punto de vista militar, económico y político. En particular, los aspectos económicos y militares son los principales componentes de una relación bilateral donde la parte diplomática es fundamental en términos de evolución geopolítica en la región.

El acuerdo entre Turquía y Qatar para incrementar la Fuerza Conjunto-Combinada en Doha con medios navales y aéreos aumentará la presencia militar turca en la región como contrapeso a la influencia tanto de Irán como de Arabia Saudí.

Junto con la cooperación militar operativa, el significativo incremento por parte de Qatar de adquisición de material bélico a empresas turcas tales como Bayktar, Nurol Makina, BMC, Anadolu Shipyard, etc., está contribuyendo sobremanera al estrechamiento de los lazos entre ambos países.

En el campo diplomático, la posición sobre los conflictos de Libia y Siria, así como sobre otros asuntos que afectan a la región son los nexos que unen a Qatar y Turquía.

El ejercicio "Patria Azul" fue así mismo un mensaje al Foro del Gas para el Mediterráneo Oriental[43], (EMGF en sus siglas en inglés), una coalición formada recientemente por Egipto, Israel, Chipre, Grecia, Italia, Jordania y la Autoridad Palestina que ha complicado las disputas existentes sobre la exploración en busca de recursos energéticos en esas aguas y su posterior explotación.

El reciente acuerdo sobre la delimitación de las áreas de jurisdicción marítima en el Mediterráneo entre Turquía y Libia es un paso crucial para consolidar la posición turca tanto en el plano militar como en el diplomático sobre este asunto.

---

[43] **EMGF:** Acuerdo firmado en septiembre de 2020 por Egipto, Chipre, Grecia, Israel, Jordania e Italia con el objetivo de generar diálogo y cooperación sobre este recurso natural en el marco regional que le da nombre. Los firmantes son países productores, consumidores y de tránsito del gas producido en la zona. Su finalidad es establecer un diálogo estructurado y sistemático sobre políticas de gas natural, que conduzca al desarrollo de un mercado regional sostenible de gas.

En definitiva, estas maniobras militares cuyo nombre ya es una firme declaración de intenciones, utilizaron a la Fuerza Naval turca como elemento activo de su política exterior como respuesta a los acontecimientos tanto políticos como militares sucedidos en la zona, reforzando al mismo tiempo la posición militar del país otomano y sus reivindicaciones políticas y marítimas.

Además, a todo ello hay que unir el permanente desarrollo de la industria militar turca, que está sirviendo como catalizador para revitalizar y reforzar la posición de Ankara en la región, lo cual hace prever que Turquía incrementará la presencia de sus unidades navales y las capacidades de estas especialmente en el Mediterráneo Este.

La industria militar como elemento de política exterior

Diversos motivos han llevado a Turquía a dar un salto cualitativo y tecnológico en lo que a industria militar se refiere, especialmente en apartados tan novedosos y de gran proyección como son los sistemas aéreos no tripulados (y algunos terrestres), sistemas antiaéreos y plataformas navales.

El pasado enero Turquía y Ucrania firmaron varios contratos para suministrar a este último seis sistemas aéreos no tripulados (UAV) Bayraktar TB2 con sus respectivas estaciones de control terrestre (GCS) así como todos los sistemas y repuestos necesarios para operarlos y realizar su mantenimiento. Aunque Turquía ya los había puesto a prueba en Libia, estos sistemas han sido uno de los grandes protagonistas del reciente conflicto en Nagorno Karabaj, donde han sido empleados con gran éxito y han sido vitales para la victoria azerí. El acuerdo incluía la formación de personal ucraniano en el país otomano, y la entrega de estos se completó el pasado mes de octubre.

Ese mismo mes se inició el proyecto MILDEN (Milli Denizalti), el cual consiste en el desarrollo con tecnología propia de submarinos de última generación. Basados en un diseño alemán, toda la tecnología y sistemas de información y combate serán de origen turco. La entrega del primer sumergible de la serie está prevista para 2023.

Pero para poder llevar a cabo todos estos proyectos y seguir avanzando, en un ejercicio de solvencia a la hora de realizar el planeamiento de la puesta en marcha de la doctrina “Patria Azul” y todo lo que lleva aparejado, el Ministerio de Educación y ASELSAN, una corporación industrial de defensa que aglutina a diversas empresas del sector, firmaron un protocolo hace poco menos de un año para la creación de un centro de enseñanza tecnológico que permita formar al necesario personal cualificado para la industria de defensa turca.

Este protocolo se desarrolla en paralelo al programa de doctorado elaborado por el Consejo de Investigación Científica y Tecnológica de Turquía relacionado con nuevas aplicaciones tecnológicas.

Como se puede observar, la evolución en la industria de defensa responde a una estrategia muy bien planeada que tiene como punto de inicio la formación de los futuros trabajadores de la industria.

En los últimos años, las relaciones de Turquía con Paquistán en materia de defensa se han intensificado, llegando a alcanzar la consideración de estratégicas y logrando que la influencia de estas vaya más allá de meras relaciones bilaterales

En 2018 el gobierno de Paquistán anunció que su país iniciaba las gestiones para adquirir cuatro corbetas de la clase Ada de factura turca. Por parte de Ankara, su ministro de Defensa se refirió al acuerdo como "la mayor operación de venta de material de defensa por Turquía en un solo contrato". A finales de 2019 los astilleros turcos Anadolu comenzaron a trabajar en la primera unidad de la serie de cuatro contratadas.

Pero el acercamiento entre Turquía y Paquistán en materia de defensa ha traído una derivada importante, pues las relaciones con India en ese aspecto se han visto seriamente afectadas con implicaciones más profundas debido a la estrecha colaboración existente en la materia entre EE. UU. e India. La primera consecuencia fue la prohibición de las autoridades indias a la empresa naval Anadolu de operar en el país y eliminarla del listado de compañías participantes en el proyecto de cooperación tecnológica con su fuerza naval para el programa de buques de apoyo. El razonamiento fue que su participación en el mismo supondría una vulnerabilidad para la seguridad nacional debido a las relaciones entre Turquía y Paquistán.

Turquía también ha avanzado en el desarrollo y producción de armas ligeras de todo tipo, desde fusiles de asalto a armas para tiradores de precisión. Del mismo modo, la experiencia adquirida en el conflicto de Siria ha servido para el desarrollo de placas de blindaje reactivo de diseño y fabricación turca para dotar a los carros de combate M60T. No obstante, esto se enmarca en un proyecto de modernización mucho más ambicioso para dotarlos de mejores capacidades de adquisición de objetivos, movilidad y detección anti-misil llevado a término en el Centro de Mantenimiento de Kayseri

Mención especial merece los avances en el campo del desarrollo de UAV[44]. El salto cualitativo dado por Turquía la ha posicionado como uno de los países líderes en lo que a este tipo de tecnología se refiere. Ello se ha traducido en ventas a varios países de un gran número de aparatos, en

---

[44] **UAV**: Unmanned Aerial Vehicle. Vehículo aéreo no tripulado. Es la terminología militar para referirse a los popularmente llamados “drones”.

gran parte como consecuencia de la gran efectividad demostrada durante los conflictos de Siria, Libia y el reciente enfrentamiento entre Azerbaiyan y Armenia, donde el empleo de estos medios por parte del primero ha sido determinante a la hora de lograr la victoria. De hecho, diversos especialistas hablan ya de un antes y un después en los conflictos marcado por el empleo de UAV realizado en este enfrentamiento.

Los aparatos Bayraktar TB2 y Anka-S han demostrado su gran eficacia tanto en misiones de ataque como de inteligencia, contribuyendo sobremanera a salvar las vidas de combatientes sobre el terreno y a disminuir los costes de las operaciones.

En gran parte, gracias a las sanciones y medidas restrictivas en lo que se refiere a la transferencia de tecnología para este tipo de ingenios, Turquía se ha convertido en la potencia líder en lo relativo a ellos.

Ni Israel ni EE. UU. han aceptado compartir este tipo de tecnología con Turquía. Sin embargo, lo que podría interpretarse como un inconveniente ha sido en realidad una ventaja. Pues ello ha obligado a la industria turca a emplearse a fondo para alcanzar los máximos niveles de eficacia.

A pesar de que Turquía ha empleado sus UAV de forma sistemática desde la operación “Rama de olivo” en 2018[45] en

Siria, fue durante la campaña sobre Idlib, (Operación Escudo de Primavera), cuando estos fueron usados a gran escala contra fuerzas de un país extranjero apoyadas por un aliado tan poderoso como Rusia. Durante la misma los aparatos turcos operaron en prácticamente toda la zona de operaciones de Idlib llegando a alcanzar la retaguardia del ejército sirio. Este hecho en particular tuvo graves consecuencias tanto militares como sicológicas. UAV turcos fueron localizados operando tanto en Hama como en Alepo, territorio bajo control del gobierno sirio.

En Idlib el ejército turco empleo por primera vez nuevos aparatos, probando en combate el ANKA-S y el Bayraktar-TB2. El empleo de todo tipo de UAV no se limitó a las misiones tácticas operacionales o estratégicas tradicionales, sino que desarrollaron lo que se denominó "misiones de precisión", teniendo como objetivo elementos específicos considerados de alto valor para ser eliminados en el sur de Alepo.

A todo ello hay que añadir que el gobierno de Ankara ha tratado de situar a Turquía como el primer país en emplear

---

[45] **Operación Escudo de Primavera**: El 27 de febrero de 2020 las tropas del régimen de Asad en Siria atacaron unidades de las Fuerzas Armadas Turcas causándoles 33 bajas. La respuesta de Turquía fue la denominada Operación "Escudo de Primavera". Durante la misma Turquía llegó a emplear a casi 20000 hombres incluyendo unidades de operaciones espaciales, acorazadas y mecanizadas. La principal característica de esta operación fue que el peso principal de la misma descansó sobre el empleo de UAV. Si bien no se logró el objetivo marcado puede considerarse un hito por la forma de empleo de los UAV y un éxito tanto por el número de bajas causadas como por forzar a Rusia a sentarse de nuevo a renegociar el tratado de Sochi.

sofisticados enjambres de mini UAV en combate. Estos enjambres fueron empleados para destruir depósitos de armas químicas y sistemas de defensa antiaérea, demostrando la posición prominente de Turquía en este campo.

El éxito estratégico de Turquía en Idlib es algo incuestionable. Las fuerzas turcas frenaron las operaciones del ejército sirio contra los rebeldes apoyados por Ankara llegando a expulsarlas de la zona, lo cual obligó a que Rusia interviniera militar y diplomáticamente para detener el avance turco.

En el apartado referido a la fuerza naval, las mencionadas corbetas de la clase ADA incluyen capacidades antisubmarinas, de combate, patrulla, misiones de búsqueda y rescate, así como tecnología furtiva para hacerlas más difícilmente detectable por el radar. Es importante señalar que la última de las cuatro unidades, la TCG-Kinaliada, ha sido equipada con el misil antibuque "Atmaca" también de fabricación nacional.

En el marco del proyecto MILDEN la armada turca espera tener en servicio para 2030 seis nuevos submarinos que supondrán así mismo un significativo incremento de la capacidad para mantenerse bajo el agua en comparación con las actuales.

En lo que se refiere a sistemas de defensa aérea, a pesar de que oficialmente Turquía continúa manteniendo la intención de adquirir el sistema Patriot, parece ser que sigue adelante el proyecto de adquisición de una segunda batería S-400 de fabricación rusa, aunque puede sufrir algún retraso debido a las negociaciones sobre transferencia de tecnología y opciones de coproducción del sistema. No obstante, las fricciones surgidas tras la adquisición de los primeros sistemas de factura rusa y la reacción de EE. UU. cancelando la venta de los F-35 no auguran un buen término a la llegada de los Patriot. En cambio, la más que posible llegada de aeronaves rusas al arsenal turco allanará el camino de las negociaciones relacionadas con la segunda partida de sistemas antiaéreos.

Evolución a futuro

Incremento de capacidades y disuasión

El objetivo marcado por Ankara no es nada desdeñable: alcanzar un 75% de independencia en el sector de defensa para 2023. Este objetivo se recoge en el Plan Estratégico para 2019-2023 del grupo de industrias de la Defensa.

El documento marca líneas de actuación a implementar para lograr aumentar las capacidades nacionales, proporcionar el material adecuado y la más moderna tecnología al personal de las Fuerzas Armadas, mejorar los recursos humanos, sus capacidades y promover la exportación de material.

El alcanzar tal nivel de independencia no solo supone aumentar las capacidades tecnológicas, sino que la capacidad de disuasión que proporciona a las Fuerzas Armadas turcas, en una región cuya inestabilidad crece día a día, toma un papel más que relevante. Las inversiones que está realizando Turquía en su industria nacional de defensa no sólo tiene como objetivo mejorar los medios y preparación de sus fuerzas sino aumentar las capacidades de proyección de estas.

Esta intencionalidad es particularmente evidente cuando se pone el foco en las capacidades navales, donde se ha incidido en las inversiones en buques capaces de llevar a cabo operaciones de superficie, antiaéreas, anfibias, antisubmarinas, de reconocimiento y vigilancia, al mismo tiempo que se han incrementado los esfuerzos en el desarrollo de sistemas de misiles antibuque de largo alcance.

El LHD Anadolu, buque de proyección de la fuerza con capacidad de actuar como portaaeronaves es el elemento que simboliza los deseos de la nueva política turca.

Los planes turcos iniciales incluían la adquisición de al menos 16 F35B, pero el deterioro de las relaciones con EE. UU. y la adquisición por parte de Turquía del sistema antiaéreo S400 ruso creó un clima de tensión que derivó en la cancelación de la venta de los aviones.

Este revés ha allanado el camino para que la posibilidad de la compra de aparatos SU35 rusos comience a contemplarse como una posibilidad. De hecho, hay indicios de que tras el encuentro entre Putin y Erdogan en el evento aeronáutico bienal MAKS, celebrado en las afueras de Moscú, las negociaciones oficiales para la compra de 36 aparatos del modelo citado están ya en marcha.

Lo cierto es que acontecimientos como la retirada de India del proyecto de desarrollo del SU57 y la mencionada cancelación de la compra de F35 por Turquía han generado en Rusia la expectación de un acuerdo con el país otomano para la venta tanto de aparatos del modelo SU57 como del SU35. Desde luego que esto plantearía un gran cambio en la doctrina de seguridad turca, pero las más que probables ofertas por parte de Rusia en materia de transferencia de tecnología y otro tipo de contrapartidas puede ser el catalizador que determine la decisión de adquirir las aeronaves rusas.

Por otro lado, el avanzar en la adquisición de la tecnología necesaria para desarrollar sistemas de defensa aérea es una clara prioridad para Turquía. Por ello el proyecto Eurosam SAMP/T aún es una alternativa importante por lo que supone de acceso a dicha tecnología a pesar de las tensiones cada vez más intensas con los países de la UE. Esta necesidad es un objetivo estratégico dentro de su programa de independencia tecnológica, de hecho, el país otomano está investigando y desarrollando su propio sistema de corto, medio y largo alcance, haciendo entrega ASELSAN en marzo de 2019 del primer sistema de baja altura "Korkut 80". Desde entonces otros trece han sido recepcionados por las fuerzas armadas. En paralelo, la industria de defensa turca continúa trabajando en los proyectos SIPER e HISAR, los cuales proporcionaran al país un sistema completo de defensa aérea que cubrirá todo el espectro en alcance y altura.

Innovación, Sostenimiento y especialización

Al mismo tiempo que los beneficios aparejados a la investigación en todos los sectores de la industria de defensa de un modo conjunto, varios importantes desafíos han surgido en el horizonte para Turquía. Mantener el impulso innovador es clave para alcanzar el estatus de país referente en el sector de la defensa al tiempo que abrir nuevos mercados de exportación y profundizar en las alianzas ya establecidas son elementos fundamentales para garantizar el sostenimiento del esfuerzo. Ello, indefectiblemente obligará a Turquía a concentrarse en algunos sectores clave y definidos como puede ser el de los UAV, tanto en lo que se refiere a investigación y desarrollo como a producción, en lugar de tratar de abarcar todo el abanico de posibilidades. De ese modo logrará la eficacia y la excelencia y obtendrá el tan necesario beneficio económico que realimente la industria y ayude a sanear las finanzas del país.

Embarcarse en proyectos que superen, al menos hoy sus posibilidades no sólo sería un gasto y esfuerzo estériles, sino que supondría un duro varapalo a la credibilidad de sus capacidades.

Conclusiones

El salto cualitativo dado por la industria de defensa turca es un hecho constatado. Sin embargo, la apuesta de Ankara no deja de tener riesgos. La maltrecha situación económica del país hace que muchos analistas consideren que este esfuerzo tecnológico y económico unido a los costes de la implicación activa en varios escenarios bélicos no podrá ser sostenido en el tiempo y que sólo contribuirá a profundizar en la grave crisis que sufre Turquía.

Este análisis no puede desdeñarse y es algo plausible. Sin embargo, por el momento los movimientos turcos están dando sus frutos, y el incremento de contratos de exportación, con las colaboraciones que llevan aparejados, así como con los acuerdos paralelos que se van alcanzando no dejan de ser una fuente de ingresos que poco a poco va creciendo. La baza que está jugando Turquía es, por un lado, demostrar al mundo (y a los mercados de material bélico), las capacidades, ventajas y competitividad de sus sistemas, utilizando para ello el escaparate de los escenarios donde se están empleando. De esa forma, lentamente está copando cuotas de mercado y rentabilizando el esfuerzo que ha supuesto desarrollar los diferentes sistemas.

Por otro lado, el énfasis por convertir en una realidad la doctrina Patria Azul, sentando los cimientos del control del Mediterráneo Oriental sobre su poderío militar. Si logra sus objetivos, aunque sea de un modo parcial, proporcionará a Turquía el acceso a importantes recursos energéticos, lo cual servirá para mitigar o solventar los problemas económicos, haciendo rentable todo el esfuerzo e inversión. Por ello, los movimientos turcos han de analizarse con la mirada puesta en el medio plazo.

A pesar de que como se ha visto, la tendencia es lograr una casi absoluta independencia en la materia, se observa cómo hay tres áreas complementarias y fundamentales en las que el país otomano se está especializando: UAV, Sistemas de defensa antiaérea y Guerra electrónica. La combinación e integración de todos ellos es un pilar fundamental para lograr el éxito en los conflictos bélicos actuales Quien tenga el dominio de su empleo tendrá casi asegurada la victoria, y el ejemplo más claro nos lo ofrece el reciente enfrentamiento entre Armenia y Azerbayan, el cual deberá ser analizado en detalle junto con los conflictos de Siria y Libia en lo que se refiere al empleo conjunto de UAV, Guerra electrónica y defensa antiaérea, pues como se ha señalado en algunos espacios lo sucedido hace pocas semanas marcará un antes y un después en los enfrentamientos armados.

Patria Azul no es sólo una doctrina militar, es algo mucho más amplio, pero su componente militar o de defensa es vital para lograr sus objetivos, al igual que lo es el desarrollo tecnológico e industrial del país y el establecimiento de alianzas estratégicas con países como Qatar o Paquistán. Su puesta en marcha está granjeando a Turquía no pocos enemigos y detractores, incluso dentro de lo que hasta ahora eran sus aliados y alianzas naturales. La apuesta es seria y ya no tiene vuelta atrás. Estamos sin lugar a duda ante uno de los momentos desde el punto de vista geopolítico más importantes en el área mediterránea y cuyo desenlace afectará no solo a esa región, sino a las bases mismas de estructuras que hasta hace muy poco se consideraban sólidas e inamovibles.

Corolario

Después de meses durante los cuales el foco puesto sobre la zona del Mediterráneo Oriental ha desaparecido, sucesos actuales parece que volverán a darle protagonismo antes de lo que se esperaba.

Sucesos como la retirada total de Afganistán o la firma del tratado conocido como AUKUS así como las crecientes tensiones entre China y EEUU en el mar de China con Taiwán de fondo parece haber hecho olvidar todo lo sucedido tan solo un año atrás en aguas mediterráneas.

Pero en el preciso instante de escribir estas líneas y repasar lo escrito hace meses, Europa se enfrenta a un problema energético inesperado. Y no sólo eso. Las condiciones creadas por la "postpandemia" han propiciado un colapso de los circuitos de tráfico de mercancías y el desabastecimiento de gran cantidad de componentes, principalmente electrónicos. Todo ello se ha combinado a modo de tormenta perfecta para, de momento, crear la sensación de una amenaza de desabastecimiento generalizado de bienes de primera necesidad y de energía.

Con la llegada del invierno, cada año, el asunto del abastecimiento de gas recobra protagonismo, pero en la actualidad es clave. Por un lado, se presenta la problemática asociada a la puesta en marcha del Nordstream 2. A ello se une el permanente conflicto en la región del Donbass en Ucrania, los problemas fronterizos entre la UE y Bielorrusia y la amenaza de cerrar el paso de gas a través de su territorio y por último tenemos el reavivado conflicto entre Argelia y Marruecos cuya primera consecuencia ha sido el cierre por parte de los primeros del gasoducto que cruza Marruecos para abastecer a España.

Dejando aparte otras consideraciones y sin entrar en la profundidad que requiere los asuntos colaterales de repente vemos como los yacimientos de gas del Mediterráneo Oriental se revelan como una posible solución o al menos forma de diversificar la procedencia del necesario elemento, asegurándose así el suministro bajo cualquier circunstancia.

Este hecho volverá a traer sin duda el protagonismo a la región y junto con este las tensiones, pues quien tenga el control bien de los yacimientos, bien del paso del gas, obtendrá grandes beneficios, y ninguno de los actores en liza, y mucho menos Turquía cejaran en su empeño de obtener los máximos beneficios.

6. Covid 19

La COVID19 y los balances de poder

COVID19. Una crisis de consecuencias imprevisibles

LA COVID19 Y LOS BALANCES DE PODER

Publicado en Atalayar, 27 de mayo de 2020

https://atalayar.com/blog/la-covid-19-y-los-balances-de-poder

Antecedentes

La aparición del virus SARS COV2 y la situación extraordinaria creada por la pandemia posterior y que aún hoy día sufrimos ha provocado cambios en todos los órdenes. Y al mismo tiempo, como siempre sucede en situaciones extremas, sacó lo mejor y lo peor tanto de las personas a nivel individual como de la sociedad y como de las naciones. Y se puso de relieve cómo los balances de poder en el mundo no sólo están en constante proceso de cambio, sino que son mucho más inestables de lo que a priori puede parecer.

LA COVID19 Y LOS BALANCES DE PODER

Casi 5 meses después del inicio de la crisis causada por la COVID 19, si se mira a nuestro alrededor, da la impresión de que todo se ha detenido. Repasando los asuntos que preocupaban al mundo a finales de 2019, algunos de los cuales daban la impresión de estar a punto de tener efectos imprevisibles en todo occidente, como la muerte del general Soleimani, parece que estos se hayan paralizado.

Las naciones afectadas han debido tomar medidas drásticas, y el confinamiento al que ha sido sometida la población, podría decirse que en cierto modo se ha aplicado también a los propios países, encerrándose estos en sí mismos y aislándose del concierto internacional en todo lo que no tenga que ver con la pandemia.

La tragedia de los movimientos migratorios que cruzaban el Mediterráneo ha "desaparecido" y la presión del Daesh en el Sahel y hacia África Occidental parece que ya no es tal. Los "roces" entre fuerzas rusas y norteamericanas en Siria han cesado por completo; la intervención turca en los conflictos de Siria y Libia da la impresión de haberse interrumpido, la situación de inestabilidad política en Argelia también parece haberse solucionado...y así podríamos seguir con una lista interminable.

Pero no es así. Europa se ha bloqueado. Un insignificante microorganismo ha encerrado a su población y los gobiernos han dejado de mirar hacia afuera para centrarse en su problema interno. Y esta situación ha dejado al descubierto la gran debilidad de occidente, y más concretamente la de la UE. Una fragilidad que abarca los más diversos aspectos y, de la que no cabe duda, hay quien ha tomado buena nota.

La hasta cierto punto irracional reacción de Europa en los primeros momentos de la crisis, la falta de respuesta conjunta, la incapacidad de actuar unidos, con episodios de enconada rivalidad y egoísmo incluidos, nos han situado en una delicada posición ante nuestros enemigos. Porque a pesar de que haya quien no lo quiera admitir, tenemos enemigos.

Y a todo ello hay que añadir el espectáculo de la permanente discusión entre los países del norte y del sur de la UE, que no hace sino profundizar en esa imagen de desunión.

El resultado de todo lo anterior es una Europa ensimismada en sus propios problemas, que ha tenido que dar la espalda en gran medida a su acción exterior y que cuando llegue el momento de volver a afrontar todo lo que ha dejado de lado deberá asumir las consecuencias de su falta de visión.

Lo expuesto hasta el momento lleva a hacer un planteamiento inquietante: Partimos de la base, sin lugar a duda, de que la aparición del coronavirus causante de la COVID 19 no es, como se ha llegado a insinuar en algunos foros, una acción deliberada. Si su diseminación fue fruto de un fallo durante su manipulación o de un proceso completamente natural es un debate muy diferente y que sí ofrece serias dudas. Pero del mismo modo en que se puede afirmar que la situación creada por la expansión de la enfermedad ha sido aprovechada y utilizada para ganar posiciones en el enfrentamiento comercial y económico, así como para tratar de cambiar la balanza de poder e influencia entre China y EEUU, tomando a Europa como campo de batalla, se puede aseverar que ese bloqueo que han sufrido los países de la UE, ese "aislamiento" y esa clara debilidad de sus alianzas y su evidente desunión cuando las cosas vienen mal dadas de verdad, han favorecido que se deje un espacio libre que otros están tratando de ocupar. Es más, ha mostrado una brecha en la que incidir para debilitar aún más a un actor que empezaba a ser algo más que incómodo y de paso, colateralmente, afectar a la otra gran alianza objetivo de China y Rusia: la OTAN.

En primer lugar, y aunque ya han sido mencionados, se debe identificar a los actores principales de esta "partida". Como tales podemos señalar a China, Rusia, EE. UU. y la Unión Europea. De entre los cuatro mencionados tenemos a dos que podemos considerar centrales, EE. UU. y China, y que son los que hasta el momento se han enfrentado con más virulencia, centrados por ahora en imponer su relato. Lo llamativo de este enfrentamiento es que a pesar de que ambos están variando el centro de gravedad de su política hacia el Pacífico, el campo de batalla de este choque ha sido la UE, el tercer actor en liza, cuya capacidad de influencia en ese nuevo "teatro de operaciones" es prácticamente irrelevante, como describe Emilio de Miguel Calabria[46] en su último documento publicado por el Real Instituto Elcano. Evidentemente esto es debido que las circunstancias de la pandemia y sus efectos más devastadores por ahora se han materializado en Europa, y la dependencia a todos los niveles de las economías de la Unión del país asiático ha favorecido que esta se convirtiera en una primera presa a batir como modo de ganar terreno a su oponente.

El cuarto protagonista, Rusia, por el momento está tomando un papel discreto, limitándose por el momento a lidiar con la pandemia dentro de sus fronteras y a aprovechar algún momento puntual para golpear a quien es su rival más cercano, la UE, sembrando la semilla de la discordia mediante alguna acción en el campo de las INFOOPS[47].

Volviendo a la UE, cabe preguntarse. ¿cuáles son esos frentes que han quedado en cierto modo desatendidos?

En primer lugar, su frente Sur. Por un lado, se ha dejado de prestar la debida atención a los conflictos de Siria y Libia. Y particularmente en este último se están produciendo en los últimos días novedades trascendentales. En ambos, la intervención de Turquía no ha cesado, y los movimientos de

---

[46] **Emilio de Miguel Calabria**: Embajador de España en Tailandia. "El mundo de mañana". 01 de abril de 2020. Real Instituto Elcano. https://blog.realinstitutoelcano.org/el-mundo-de-manana/

[47] **INFOOPS**: Operaciones de Información. Terminología militar aplicada a las operaciones de todo tipo y en todos los dominios encaminadas a influir en la audiencia adversaria para bien ganarse su confianza, lograr el descrédito de sus propias fuerzas o gobernantes o ganas el favor de las acciones propias creando un clima favorable a estas.

mercenarios auspiciados por el país otomano son un grave problema, pues las noticias del desplazamiento de parte de estos a suelo europeo son más que inquietantes. Continuando en ese frente Sur, tenemos el Sahel, la gran pieza clave para la estabilidad de la UE. El Daesh no sólo está tomando fuerza de nuevo en Irak, sino que continua su expansión por el Sahel y África Occidental, tratando de establecerse en toda la región como movimiento yihadista hegemónico arrebatando a Al Qaeda en el Magreb Islámico (AQMI), su feudo tradicional, lo cual ha dado lugar a un conflicto armado abierto entre ambos grupos. Todo ello está sucediendo mientras la operación EUTM Mali ha suspendido todas sus actividades por la amenaza de la COVID 19 y justo cuando la presión yihadista al norte de Malí está creciendo exponencialmente, del mismo modo en que está sucediendo en países como Burkina Faso e incluso con riesgo de extenderse a Costa de Marfil.

En lo que podemos considerar el frente Este, tenemos dos focos principales que, si bien conciernen más a la preocupación de la OTAN, son claves para la UE, y no podemos olvidar que la mayor parte de los países de la UE pertenecen a la Alianza, por lo que todo lo que afecte a una de las dos entidades afectará a la otra irremediablemente. Los dos puntos para mencionar aquí son las Repúblicas Bálticas y Ucrania. En ambos, la presión rusa no ha cesado, especialmente en el segundo, donde en la región del Donbas continúan los combates entre las fuerzas de la exrepública soviética y los elementos prorrusos.

Por último, tenemos el frente Sureste, donde el Daesh está volviendo a tomar fuerza, especialmente en Irak. La guerra de Libia se ha recrudecido y los enfrentamientos en Siria continúan. Y en estos dos países todo está evolucionando con la "inestimable colaboración" de Turquía.

Estamos por lo tanto ante un escenario con una Unión Europea en cierto modo "inmovilizada" por las consecuencias de la pandemia, sufriendo no solo las consecuencias sociales y políticas de ésta, porque es evidente que la crisis de la COVID 19 tendrá efectos colaterales en la política interna de los países miembros, sino las económicas, tanto por los gastos que ha supuesto la lucha contra la enfermedad como por la práctica total paralización de su tejido productivo y empresarial, lo cual, en un perverso efecto dominó está causando ya unos niveles de paro hasta el momento desconocidos, y un incremento de la deuda de muchos países, especialmente España, Italia y Francia. Esto tiene como resultado inmediato un nuevo enfrentamiento en el seno de la UE sobre cómo afrontar el problema, situando en posiciones opuestas a los países "ricos" del norte frente a los menos favorecidos del Sur. No importa las razones de unos u otros, da igual la legitimidad de los argumentos. Lo significativo es el resultado, y este no es otro que más división, lo cual es un lastre para el proyecto europeo.

Las posibilidades que tiene en estos momentos la UE de enfrentar con éxito una nueva crisis migratoria causada por el recrudecimiento de los conflictos de Siria y Libia son mínimas. Un problema así no provocaría sino más desunión. Si la situación en el Sahel se deteriora hasta el extremo que termina afectando a los países del Magreb, las consecuencias para la UE serían como en el caso anterior nefastas y redundarían en la falta de cohesión. Por lo cual cabe preguntarse ¿podría la UE soportar dicho escenario extremo? Y lo que es más importante, si el mismo se materializara ¿Quién saldría beneficiado? O más concretamente ¿Qué efectos reales tendría a nivel geopolítico?

La respuesta a la primera pregunta es relativamente sencilla, y casi con toda seguridad dicha situación tendría consecuencias irreparables para el proyecto europeo.

La segunda, y sobre todo la tercera son más complejas, pero muy preocupantes.

Un escenario como el descrito no sólo afectaría a la UE. Se ha mencionado ya que la mayor parte de los países de la UE son miembros de la OTAN, por lo que una ruptura o un deterioro en las relaciones de los países miembros de la misma afectaría a la Alianza. Y la afectaría de tal modo que la haría incapaz de reaccionar o de hacerlo oportunamente ante cualquier crisis. No es un secreto que en el seno de la OTAN los países tienen diferente percepción de las amenazas, y por supuesto diferentes intereses y esferas de preocupación. Esto ha llevado incluso a plantear dudas sobre la respuesta de todos los miembros ante una hipotética invocación del artículo 5 en según qué supuestos. Si algo así sucediera significaría el final de la alianza atlántica. Al menos tal y como hoy la conocemos. Esto significaría una oportunidad de oro para ese cuarto actor en segundo plano, Rusia, el cual podía plantearse por primera vez y desde una óptica realista, culminar sus aspiraciones pendientes, las cuales se circunscriben a las repúblicas bálticas, el enclave de Kaliningrado, Transnitria y la consolidación de la república del Donbas, al menos en lo que se refiere a Europa.

Una Europa dividida, con gran parte de los países sufriendo una crisis económica profunda, que a su vez tiene deslocalizada gran parte de la producción de sus empresas precisamente en China, y cuya industria depende del mismo modo de los componentes que fabrica el país asiático, al igual que de su tecnología, es una pieza muy débil y fácil de cobrar. Y no se debe obviar en manos de quién están las mayores reservas de divisas y quién tiene capacidad para hacerse con el control de empresas de sectores estratégicos, comprando a precio de saldo lo que otros vendan ante la necesidad de hacer caja. Pero si lo hasta el momento relatado resulta sobrecogedor, aún se puede ir más allá.

Si la necesidad de reaccionar frente al virus llevó a una competición, en ocasiones vergonzosa, entre países supuestamente aliados y miembros de la misma estructura supranacional por adquirir material médico, la carrera por adquirir la vacuna contra la COVID19, una vez que ésta esté disponible, se aventura no menos descarnada. Ello provocará sin lugar a duda más desunión y enfrentamiento. Luego, la solución a la enfermedad puede ser un arma más que alguien, enfrascado en la lucha por erigirse como la nueva potencia mundial, utilice para dar un paso más en su propósito.

EE. UU. hace tiempo que dejó de tener a Europa como eje central, y como se mencionó al comienzo, su centro de gravedad se ha desplazado hacia la zona del Pacífico. Y en ese punto es donde ha colisionado con China, que lleva años aumentando su influencia en la zona y reforzando sus posiciones, llegando a crear un cinturón de islas artificiales fortificadas que sirven como bases avanzadas para su fuerza aérea y naval. Un pequeño detalle que nos da idea de la pugna desatada es la reciente creación por parte de EE. UU. de la llamada Fuerza Litoral de los Marines, una serie de pequeñas unidades muy ágiles y desplegables, equipadas con misiles antibuque sobre plataformas muy móviles diseñadas para ocupar pequeñas islas o puntos de la costa para, desde dichas posiciones, atacar a los buques enemigos. Y dicha fuerza ha sido creada para el Pacífico.

La acción de China en Europa debe entenderse como una forma de privar a EE. UU. de sus naturales aliados y al mismo tiempo de reforzar su posición económica, aumentando la dependencia que tiene la UE y asegurándose de que ésta se perpetúa. Aparentemente, ante la situación planteada, Rusia sólo obtendría beneficios, y en cierto modo es así. Pero se ha pasado por alto un detalle. Rusia está inmersa en la expansión hacia el ártico. Y no solo están en juego los recursos naturales que se ocultan bajo el manto de hielo, sino la apertura de la que puede ser la ruta comercial más importante del planeta. Esa ruta discurriría por el Pacífico Norte, lo cual implica al país eslavo en la lucha por el nuevo centro de gravedad. Tanto es así que hace unos días se conoció la noticia de que la armada rusa ha destinado tres buques equipados con la nueva versión del misil de crucero "Kalibr", con capacidad de atacar objetivos tanto terrestres como marítimos a su flota del Pacífico. Estas plataformas completarán un refuerzo de 15 nuevos barcos asignados a dicha flota. ¿Podría ser el apoyo de Rusia para lograr el control de la zona la contraprestación por recibir en bandeja la posibilidad de cubrir sus aspiraciones en la vieja Europa?

Como puede observarse los intereses cruzados son muchos, y lo que hay en juego es lo suficientemente importante como para justificar los enfrentamientos de los que somos testigos.

Si estos subirán en intensidad o cambiarán del dominio cognitivo o económico hacia otros más tradicionales es difícil de saber, pero el riesgo está ahí. Lo que no se puede negar es que un simple virus puede haber desencadenado el mayor cambio de los balances de poder en el mundo desde el siglo XIX.

Corolario

Casi dos años después de la eclosión de la pandemia se puede afirmar contundentemente que esta ha cambiado el mundo, las relaciones entre personas y desde luego las relaciones entre naciones. Los efectos sobre la salud, la economía, la industria, la producción, incluso sobre el transporte de mercancías a nivel global no sólo se sienten aun, sino que algunos de ellos parece que alcanzan en la actualidad su máximo apogeo.

El virus sigue aun entre nosotros, y probablemente ya para siempre. Inevitablemente poco a poco lo conoceremos mejor y se le combatirá mejor, pero no cabe duda de que las consecuencias de la pandemia seguirán afectándonos, y claramente habrá quien trate de aprovechar la situación creada para abonar sus intereses. Un hecho tan “fortuito” como una pandemia global puede haber sido el desencadenante de la mayor serie de cambios en los balances de poder de los últimos 150 años. Quién sabe si en el futuro este periodo de la historia será merecedor de un nombre propio que lo defina.

COVID19. UNA CRISIS DE CONSECUENCIAS IMPREVISIBLES

Publicado en Atalayar.com el 20 de abril de 2020

https://atalayar.com/blog/covid-19-una-crisis-de-consecuencias-imprevisibles

Antecedentes

Tras la publicación del primer trabajo sobre la COVID 19 y sus efectos sobre el plano geopolítico la situación evolucionó muy rápidamente, los actores principales tomaron posiciones muy claras y la lucha por ganar el relato se hizo más que patente.

Como consecuencia de todo ello se consideró de interés recopilar todo lo sucedido para tratar de explicar de un modo lo más didáctico posible lo que estaba sucediendo.

COVID19. UNA CRISIS DE CONSECUENCIAS IMPREVISIBLES

Han pasado algo más de dos semanas desde la publicación de nuestra primera valoración de la crisis del COVID19 y sus posibles consecuencias.

Si algo caracteriza esta situación es la imprevisibilidad y la dificultad para establecer no ya un escenario a futuro, sino en cierto modo incluso para enmarcar y entender el presente.

A lo largo de la historia, la humanidad ha sufrido numerosas pandemias, y todas ellas han tenido como consecuencia, más allá del coste en vidas humanas y las implicaciones sanitarias, un impacto tanto en la forma de vida como en la economía y, como consecuencia de esto último, en el equilibrio global. Lo paradójico es que no todo son efectos negativos, pues este tipo de situaciones, al igual que los conflictos bélicos llevan aparejados avances de toda condición, fruto de la necesidad de buscar formas de vencer al enemigo (ya sea un virus o un ejército) y de paliar las secuelas de la lucha. Y es una obviedad afirmar que en este tipo se situaciones siempre hay quien sale más perjudicado y quien consigue sacar provecho.

La COVID19 llegó a un mundo dominado por la globalización, con una potencia dominante clara en plena confrontación con otra que buscaba cuanto menos ponerse a la altura de su rival. Y con otros dos actores periféricos inmersos uno, en la búsqueda de su propio camino hacia el poder o la importancia que en su día tuvo y otro tratando de reforzar sus costuras después de un desgarro duro y doloroso. Seguro que el lector será capaz de poner nombre a cada uno de esos cuatro actores.

Como ya se refirió en el artículo anterior, la determinación del origen del virus es un tema espinoso, difícil y complicado, y probablemente, algo que jamás sabremos. Entre otras cosas por las implicaciones que tendría reconocer que su procedencia no fuera completamente responsabilidad de la naturaleza. Ni siquiera en ese hipotético caso, los más afectados por su dispersión se atreverían a reconocerlo. Y si así fuera, poco importa que su liberación hubiera sido algo premeditado o accidental. Porque este asunto, en el punto en que nos encontramos, es casi que el menos importante. Lo que cuenta es que ya está aquí, los efectos que está provocando y los que va a provocar.

Es interesante, para enmarcar la situación y llevarnos al planteamiento de los posibles escenarios que habremos de enfrentar, realizar una relación de hechos objetivos:

El virus causante de la COVID19 tiene su origen en China, concretamente en la provincia de Hubei, cuya capital es Wuhan. La población de dicha provincia es de algo más de 60 millones de habitantes. China, durante las últimas dos décadas ha sido asimismo el origen de virus similares como el SARS.

En dicha ciudad se encuentra uno de los laboratorios con el nivel más alto de bioseguridad del mundo. Su origen se remonta a 2017 y, con su creación, China conseguía convertirse en uno de los países con capacidad para la investigación y empleo de la tecnología necesaria para combatir virus como el Ébola. No obstante, diversos científicos mostraron sus reticencias hacia dicha instalación, la cual trabaja, (algo normal por otro lado), bajo un gran secretismo. La revista Nature llegó a señalar el riesgo de que gérmenes letales escapasen de esa instalación.

Cuando el virus comenzó a diseminarse, la reacción de China ante el avance de la enfermedad, o al menos su aceptación ante la comunidad internacional de que algo grave estaba sucediendo, fue tardía. Esta opacidad, algo habitual en el régimen chino, no sólo fue una irresponsabilidad, sino que sólo sirvió y sirve para dar pábulo a todo tipo de especulaciones por descabelladas que sean. Y precisamente en los últimos días las teorías más inculpatorias están tomando gran auge, lo cual no deja de ser aventurado como se expondrá más adelante.

Este hecho provocó que su rival, EE. UU., con el que se encontraba en una implacable lucha económica y tecnológica, aprovechara la ocasión para desacreditar al país asiático, desencadenando una campaña de información muy dura en contra del régimen. Por si aún hay quien no se ha dado cuenta, estábamos asistiendo ya a lo que se denomina un "conflicto en la zona gris", que en ese momento se libraba en el plano económico y en el dominio cognitivo. Recordemos la famosa doctrina Gerasimov ya tratada en otras ocasiones en esta publicación. Dicha doctrina se basa en parte en lo expuesto por Sliptjenko en 1999 en su teoría sobre la "Guerra de Sexta Generación". De acuerdo con esta, los conflictos enmarcados en esta nueva modalidad tienen tres objetivos principales:

- La derrota militar del enemigo en su propio territorio.
- La destrucción de su actividad económica y su potencial industrial.
- Subvertir o cambiar el sistema político del oponente.

Pero es importante señalar que para la consecución de la victoria no es necesario alcanzar esos tres objetivos.

En este nuevo tipo de conflicto la guerra no se detiene, simplemente se desencadena y evoluciona de un modo continuo desde la fase de preparación, variando en intensidad y modificando progresivamente su centro de gravedad. El estado final deseado es una sociedad debilitada, desestabilizada y aislada.

Gerasimov, basándose en Slipjenko, plantea en su doctrina el escenario de un estado permanente de guerra como algo consustancial a la existencia de las naciones. La denomina "guerra existencial", y esto significa que los objetivos de la guerra ya no son la conquista física de un territorio. La estrategia ya no consiste en la destrucción, intimidación o aniquilación. Por ello, el uso de la fuerza militar directa ya no es el método más importante.

La estrategia se transforma en el uso de otros métodos indirectos cuyo objetivo es crear un "caos organizado". Todo ello nos lleva a otro concepto como es "la guerra cultural", que no consiste sino en crear corrientes de influencia política, económica y cultural. Para ello se necesitan medios o vías que proporcionen influencia directa sobre las figuras o estamentos del oponente escogidas como objetivo (políticos, grupos de influencia, mandos militares, sectores de población...), con el fin de llegar a provocar un colapso interno, o al menos una situación de inestabilidad.

En resumen, esta "guerra de bajo contacto" se interpreta como una forma de "hacer la guerra" usando elementos técnicos, actores y métodos que reduzcan al mínimo posible el enfrentamiento directo. Por tanto, en enfrentamiento contra un oponente debe entenderse como una guerra total y continua con varios grados de intensidad siguiendo varias líneas de operaciones simultaneas en los diferentes dominios bien sea de forma simultánea o sucesiva.

Una vez hecho este inciso, sigamos con la relación de sucesos.

Al mismo tiempo que la campaña contra el retraso en la reacción y la falta de transparencia de China se recrudecía, los efectos de la COVID19 en la economía del país comenzaron a hacerse notar. Las estrictas medidas de confinamiento y la paralización en parte de la producción industrial comenzaron a revelar sus negativas consecuencias.

Pero esas consecuencias económicas se reflejaron en Europa principalmente y en EE. UU. de un modo inesperado. El tejido industrial y tecnológico comenzó a sufrir por el desabastecimiento de componentes fabricados en el país asiático. Incluso antes de recibir el azote de la pandemia, occidente recibió el primer golpe económico, llegando incluso a reducir o paralizar la producción en diversos sectores.

El 23 de enero China anunció la construcción de un hospital para atender a las víctimas de la COVID19 y, en un alarde de capacidad, con la consiguiente propaganda y con imágenes impactantes cuidadosamente suministradas, mostró su obra finalizada el día 3 de febrero. Sin duda, un logro admirable.

En resumen, en este punto, la foto fija de los hechos era la siguiente:

-China: Conteniendo la enfermedad; haciendo acopio de material sanitario; contrarrestando la campaña en su contra.

- Unión Europea: Sumida en cierto desconcierto; sin datos precisos sobre la COVID19, empezando a sufrir los efectos en el sistema sanitario de alguno de sus miembros, con su industria afectada por el desabastecimiento.

- EE. UU.: Tratando de sacar rédito de la situación en China.

- Rusia: En parte al margen y a la espera de acontecimientos.

Y es aquí cuando se produce un giro en los acontecimientos. Al mismo tiempo que comenzaba la expansión del virus en Europa, y con la industria europea sufriendo las consecuencias del desabastecimiento de componentes procedentes del país asiático, se inició el cambio en la actitud china hacia el problema. Su política de comunicación dio un vuelco de 180º y comenzó a "vender" su reacción ante la enfermedad, anunciando sus estrictas medidas de confinamiento, de control de la población y por supuesto con el estandarte del hospital construido en diez días por bandera.

Y con ese estado de las cosas, y con el avance de la enfermedad, declarada oficialmente por la OMS Pandemia mundial el 11 de marzo, diversos países de la UE se deslizaron peligrosamente hacia el colapso y no sólo de sus sistemas sanitarios. Italia, España, Francia, Portugal y Reino Unido, uno tras otro entró en una espiral diabólica de expansión exponencial de la enfermedad, saturación de los servicios sanitarios, escasez de suministros y equipamiento, y viéndose forzados a tomar medidas tan drásticas como las adoptadas en China.

Ante esta situación, lejos de actuar de forma unida y coordinada, la imagen dada por la UE fue la de "sálvese quien pueda" en lo que se refiere a la adquisición de material sanitario, probablemente fruto del pánico de los respectivos gobiernos a no poder actuar adecuadamente por la falta de este. Este perfil quedó agravado con la negativa de algunos países a poner en marcha la iniciativa de los llamados "coronabonos" para paliar en parte las consecuencias económicas de la enfermedad.

Las acciones de algunos países y las discusiones respecto a las medidas económicas es algo que en un futuro no muy lejano serán recordadas, y no es sino otro elemento que socava los cimientos de la UE.

Es en este momento cuando China, que ya comenzaba a salir de su particular crisis de la COVID19, aparece como salvadora o benefactora de Europa, enviando equipos médicos a Italia y toneladas de material sanitario a diferentes países. Este apoyo podría enmarcarse en la campaña de imagen del país asiático para lavar su reacción inicial ante la enfermedad, y como parte de su estrategia para posicionarse ante la Unión Europea como un socio o aliado fiable.

Es interesante no pasar por alto como Rusia hizo acto de presencia en el escenario, “prestando ayuda” no sólo a países de su órbita como Serbia, sino a Italia[48]. La imagen de vehículos militares rusos exhibiendo su bandera por las calles de Roma fue cuanto menos impactante. Y todo ello en paralelo a la tímida respuesta no sólo de la UE para ayudar a sus socios más necesitados, sino de la propia OTAN, que tras la petición de ayuda de España sólo fue correspondida por un número minoritario de sus socios.

Pero los siguientes pasos de China han sido muy sutiles, tanto que casi han pasado desapercibidos. Por un lado, se ha pasado del envío de ayuda a la venta pura y dura. La mayor parte del material sanitario que se necesita se produce en el país origen de la pandemia. Y en palabras de algunos mandatarios y ministros, dicho suministro se ha convertido en un “mercado persa”. Es decir, son empresas chinas las que están obteniendo pingues beneficios de la necesidad suscitada por la enfermedad.

Por otro, un movimiento poco difundido pero interesante, ha sido la compra masiva de petróleo. Es cierto que antes de la crisis el precio del crudo se encontraba en mínimos casi históricos. Pero las medidas de confinamiento y paralización de las economías europeas han significado una disminución

---

[48] A finales de marzo de 2020 y ante el imparable avance del virus en Italia Rusia envió a este país varios aviones con material sanitario, equipos médicos de diversas especialidades y vehículos con equipos de descontaminación. La operación fue conocida como “desde Rusia con amor”. El golpe de efecto y propagandístico fue muy efectivo.

de la demanda que ha desplomado aún más los precios. Y sólo entre enero y febrero China ha comprado más de 150 millones de barriles, siendo su objetivo alcanzar unas reservas de más de mil millones de barriles, lo que supondría una autonomía de unos 85 días, de lejos mucho más de la que dispone actualmente EE. UU.

Y, por último, tenemos el papel del cuarto en discordia: EE. UU.

EE. UU. ha pasado de liderar la campaña inicial contra China con motivo de la expansión de la COVID19, sintiéndose en cierto modo a salvo de la misma, a ser duramente golpeado por esta, provocando un deterioro en su economía de consecuencias aún imprevisibles, y una tragedia humana de proporciones mucho mayores de las que enfrenta Europa.

Esto ha tenido como consecuencia la desactivación de EE. UU. como actor con capacidad de influencia en Europa desde que su máxima prioridad es solventar su problema interno.

Visto así el escenario actual, las conclusiones son poco tranquilizadoras.

En primer lugar, es importante aproximarse a estas teniendo en mente el breve recordatorio sobre la "Doctrina Gerasimov" y la "Guerra de sexta Generación".

- La consecuencia más evidente es que la economía que más está sufriendo y más va a sufrir a causa de la expansión de la COVID19 es la de la zona euro, seguida de la de EE. UU.

- La UE, como consecuencia de la deslocalización, es hoy día totalmente dependiente de China.

- La respuesta de la UE ante las peticiones de ayuda de alguno de sus miembros y las posiciones de otros no ha hecho sino minar la confianza en la institución y a medio plazo afectará negativamente a una UE que acaba de sufrir el golpe del Brexit.

- La idea que está calando y que forma parte de la campaña de información desatada es que los países con regímenes más autoritarios han actuado más eficientemente en la lucha contra la enfermedad.

- En paralelo a lo anterior, poco a poco y semana tras semana, va calando en nuestras sociedades liberales y demócratas la necesidad de medidas de control. Medidas cada vez más duras, y muchas de las cuales hace sólo unos meses habrían parecido inconcebibles y su sólo planteamiento habría dado lugar cuando menos a protestas airadas. No es que dichas medidas no sean necesarias, pero poco a poco se van interiorizando. Y de ahí a lo siguiente hay un solo paso, porque si se usa para controlar a los contagiados de la COVID19, ¿por qué no usarlo para otras enfermedades contagiosas? ¿O para personas con antecedentes violentos? Por poner un ejemplo. ¿Dónde está el límite? Sin apenas darnos cuenta estamos adoptando medidas propias de esos regímenes autoritarios que antes denostábamos pero que "han sido más eficaces en el control de la pandemia".

- En el plano internacional, hay un aspecto también muy interesante. Es de sobra conocido el aumento del interés de China por el continente africano y su creciente presencia en el mismo. La aparición del virus está teniendo un primer efecto, que es la retirada de tropas de la UE de dicho continente y la suspensión de las misiones que allí se llevaban a cabo. Esto puede ser visto por los países en los que se actuaba como un abandono a su suerte. Una segunda consecuencia, en caso de expansión descontrolada de la enfermedad puede ser un aumento de la presión migratoria hacia la UE. Es decir, otro factor de desestabilización en Europa, al tiempo que se deja el campo expedito al país asiático en África, donde puede erigirse, como lo hizo en Europa a comienzos de la crisis, en salvador y benefactor.

- Para terminar, la consecuencia más inquietante es la deriva tomada en la última semana por EE. UU. y seguida por Francia y Reino Unido de acusar directamente a China de provocar la pandemia desde el conocido laboratorio de Wuhan. Sendas naciones han anunciado que pedirán explicaciones al régimen chino, dando a entender que el origen del virus causante de la COVID19 se encuentra en dichas instalaciones, acusaciones respaldadas por diversas investigaciones periodísticas. Esta estrategia puede obedecer a la necesidad de buscar un responsable, un enemigo común al que culpar del mal que se está sufriendo, dirigiendo la atención del gran público hacia ese enemigo y así lograr hacer frente común para evadir los problemas internos y las propias responsabilidades. ¿Estamos ante el inicio de otra campaña de información? Es muy probable. Pero seguir esa dirección entraña un riesgo. La reacción del acusado en estos casos puede ser impredecible, y si no se miden bien las consecuencias la posibilidad de un devenir de tipo bélico a pequeña o mediana escala no es descartable, lo que, por otro lado, y aunque parezca un sin sentido, sería una forma de reactivar y reinventar el sistema económico y de volver a colocar todas las piezas en el tablero.

No obviemos entonces las nuevas teorías de los conflictos ya expuestas.

Originado espontáneamente por la naturaleza, o por la mano del hombre, el coronavirus ha sido el catalizador que ha acelerado el enfrentamiento entre aquellas potencias que aspiran al control hegemónico en el mundo, que no es otro que el control económico. Todas han tratado de aprovecharlo, y el futuro no puede ser más incierto. No dejamos de oír que después de la pandemia nuestra vida cotidiana y nuestra forma de relacionarnos no será la misma, pero casi más importante es el efecto que tendrá en el balance de poder mundial.

Corolario

Dos años después de esta publicación las posiciones de cada uno de los actores mencionados poco han variado. El enfrentamiento entre China y EE. UU. se ha acentuado, y parece que el tan discutido hecho del origen del virus ya no tiene relevancia (como se apuntó ya aquí). La Unión Europea sufre las consecuencias de la pandemia principalmente en su economía, pero asuntos actuales como los problemas en la frontera entre Polonia y Bielorrusia vuelven a poner en entredicho la solidaridad entre los miembros de la Unión. Y aún no ha llegado el momento de exigir a los beneficiarios de las ayudas aprobadas el cumplimiento de todo aquello a lo que se comprometieron. Si por cualquier motivo esas ayudas no llegan o no lo hacen en la cuantía acordada el problema se acentuará más aún. Rusia, que en estos mismos momentos sufre una nueva ola devastadora no está recibiendo ayuda de ningún tipo, algo que puede que tarde o temprano esgrima como afrenta. Todo ello teniendo en cuenta que se ha sabido que la ayuda rusa a Italia tenia un motivo oculto: acceder de primera mano a información del virus justo en el país que fue la puerta de entrada al mismo en Europa. El objetivo era claro, tener acceso a muestras cuya información ayudara a acelerar los trabajos de desarrollo de la por entonces ansiada vacuna o al descubrimiento de algún fármaco que sirviera para frenar la enfermedad.

El hecho cierto es que la pandemia ha afectado de lleno a las sociedades occidentales y las relaciones de poder tanto internas como entre países, por lo que no se puede negar que uno de los principios dictados en su día por Gerasimov se ha cumplido.

Lightning Source UK Ltd.
Milton Keynes UK
UKHW021845190223
417251UK00009B/49